Deutsche Technikstraße

Meine Lieblingsziele

Universum
Wissenschaft und Technik, in Bremen auf vorbildliche Art und Weise präsentiert

SACHEN MACHEN
Ideen made in Germany

Deutsches Museum
Jedes Mal Pflicht, wenn ich in München bin

Miniatur-Wunderland
Mehr als eine Modelleisenbahn-Ausstellung. Ein Meisterwerk im Maßstab 1:87 in der Hamburger Speicherstadt

Liebe Leserin, lieber Leser,

das Schiffshebewerk in Niederfinow ist nicht nur ein technisches Wunderwerk, sondern auch eine Touristenattraktion erster Güte. Jährlich kommen mehr als 500 000 Besucher zum Oder-Havel-Kanal und staunen, wie riesige Binnenschiffe in eine gigantische Wanne fahren, die in einem Fahrstuhl 36 Meter in die Höhe gehoben wird, aus der die Schiffe wieder in den Kanal fahren.

Diese 1934 vollendete Meisterleistung deutscher Ingenieurskunst hat mich ebenso fasziniert wie die BMW Welt in München, die Autostadt in Wolfsburg oder der Bau des A380 bei Airbus in Finkenwerder, wo ich zugeschaut habe. Unglaublich, was die Ingenieure dort an raffinierten Lösungen erfinden.

Mit diesem MERIAN-Heft wollen wir unsere Begeisterung für Technik an Sie weitergeben und Sie zu der einen oder anderen Reise bewegen. Denn Deutschland ist auch eine Wunderwelt der Technik. 180 Ausflugsziele und Entdeckertouren stellen wir Ihnen im „MERIAN Deutsche Technikstraße" vor. Eine herausnehmbare Posterkarte soll helfen, alle Highlights auch zu finden.

Noch gibt es die „Deutsche Technikstraße" als ausgeschilderte Route nicht. Aber der Verein Deutscher Ingenieure will dies im Rahmen seiner Initiative „Sachen machen" umsetzen, um mehr Menschen für den Technikstandort Deutschland zu begeistern und junge Leute für ein spannendes Berufsfeld zu gewinnen. Als uns der VDI einlud, ein „MERIAN Deutsche Technikstraße" zu produzieren, nahmen wir die Herausforderung gerne an. MERIAN will die Lust am Reisen wecken, und was gäbe es Spannenderes als die Fahrt nach Bremen, um das Universum zu entdecken. Oder im Hamburger Hafen die große weite Welt. Denn beide Orte wären ohne modernste Technik nicht denkbar.

Herzlich, Ihr

Andreas Hallaschka
MERIAN-Chefredakteur

Für MERIAN unterwegs

Thomas Ernsting mit Assistent Peter Bender (links). Sie produzierten die spektakulären Technikfotos **ab Seite 6**

Marc Bielefeld (rechts) mit Thomas Rebényi in der Uhrenwerkstatt des Deutschen Museums **Seiten 86, 130**

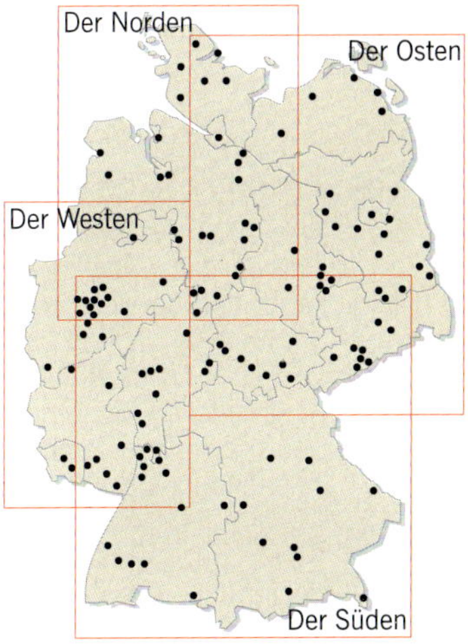

Die Stationen der Technikstraße
Ideal für Ausflüge: Alle Sehenswürdigkeiten, die wir in den vier Infoteilen empfehlen, sind auf einer Karte zum Herausnehmen verortet **Seite 138**

SEITE 130

DEUTSCHES MUSEUM

Im größten Technikmuseum der Welt wird die Geschichte der Tüftler und Denker dokumentiert. Dabei ist nur ein Bruchteil der Arbeiten ausgestellt. In den Depots lagern weitere Geniestreiche

SEITE 46

MITTEN IM WIND

Alternative Energiekonzepte müssen her. Eon arbeitet auf diesem Feld. Ein Werkstattbesuch

Inhalt Deutsche Technikstraße

DIE STATIONEN DER TECHNIKSTRASSE

Starke Momente

Technik bewegt die Welt. Was deutsche Ingenieure schaffen, macht beinahe Unmögliches möglich – unter Tage, unter Wasser, im Labor und bei den Sternen

FOTOS: THOMAS ERNSTING

100 000 Tonnen täglich fördert dieser Bagger im Braunkohletagebau Garzweiler der RWE. Das riesige Rad schaufelt den Rohstoff direkt auf Förderbänder aus dem Hause Continental. Die nur 45 Millimeter dicken Gurte transportieren die dunklen Brocken zur Verladungsstelle

VARIOSCAN
OUTPUT 5 ± 7V MAX INTO 2K
ISEA 300/016
DIFFERENTIAL PROBE

Heiße Szenen

Damit Solaranlagen effizienter und kostengünstiger arbeiten, wird im Eon Energy Research Center der RWTH Aachen die Erwärmung eines Wechselrichters mit einer Thermokamera überwacht. Ein Wechselrichter ist ein Gerät, das Gleichstrom in Wechselstrom umformt. Dieser Inverter wird benötigt, um den von Solaranlagen erzeugten Strom ins Leitungsnetz einzuspeisen

Zündende Ideen

Um in den Weltraum mehr Gewicht zu transportieren, haben die Ingenieure von EADS Astrium in Bremen für die Ariane-Trägerrakete einen neuen Flüssigwasserstoffftank konstruiert. Angetrieben wird die Oberstufe der Rakete durch auf minus 250 Grad gekühlten Wasserstoff und Sauerstoff, die beim Start miteinander reagieren. Die Schubkraft (kN) steigert sich um 35 kN auf 65 kN, das entspricht 180 000 PS – so viel Leistung wie die Motoren von 180 Formel-1-Boliden zusammen aufbringen

Treibende Kräfte

Unter dem Heck moderner Ozeanriesen werden so genannte Azipods montiert (siehe runde Aussparungen im Rumpf). Diese Antriebe von ABB sorgen für eine leise, nahezu vibrationsfreie Fahrt. Azipod steht für „Azimuthing Electric Propulsion Drive". Der horizontal drehbare Antrieb sitzt in einer Gondel. Er ist Antrieb und Ruder zugleich – eine Revolution im Schiffbau

MEYER WERFT

Antennen beschießen einen Testwagen im Audi-EMV-Labor für elektromagnetische Verträglichkeit. Und zwar mit mehreren 100 Watt. „Wenn man da eine Neonröhre reinhält, leuchtet die", sagt einer der Mess-Ingenieure. Ziel dieser Prozedur ist die Überprüfung der Fahrzeugelektronik. Sie muss auch bei hoher Strahlung von Handys, Radiosendern, Funk- und Navigationsgeräten stets perfekt funktionieren

Strahlendes Wissen

Über die Kunst

An klugen Köpfen und geschickten Händen hat es Deutschland nie gemangelt. Viele geniale Ideen entstanden hier – und kamen oft erst im Ausland zum Erfolg. Denn vom Geistesblitz bis zum fertigen Produkt ist der Weg oft weit und steinig

TEXT: NILS SCHIFFHAUER

Wie festgeschraubt steht er an erster Stelle der deutschen Erfinder: Artur Fischer, der 1958 den Kunststoff-Spreizdübel erfand. Nicht weniger als 1119 Schutzrechte wurden auf seinen Namen angemeldet, seit er vor 50 Jahren ein Foto-Blitzlichtgerät entwickelte. Fischer stammt aus Baden-Württemberg, das jedes Jahr mit Bayern darum streitet, Deutschlands Erfinderland Nummer eins zu sein. 2007 lagen die Schwaben und Badener mit 13638 Anmeldungen vor dem Freistaat, der dem in seiner Hauptstadt angesiedelten Deutschen Patent- und Markenamt nur 22 Patente weniger meldete – Bosch in Stuttgart löste den bisherigen Innovationssieger Siemens aus München ab.

Die Liste der Erfinder zeigt es: Unter den 50 fleißigsten Anmeldern Deutschlands rangieren von A wie Audi bis Z wie ZF Friedrichshafen ausschließlich große Unternehmen. Nur selten noch sind Erfindungen die Geniestreiche einsamer Tüftler, denn zu den Zutaten eines erfolgreich verwirklichten Patentes gehören neben Glück und Geist und den breiten Schultern des Antragstellers die öffentliche Anerkennung und die dauerhafte Nutzung desselben.

Das Telefon zum Beispiel. 1877 hatte Postminister Heinrich Stephan in Berlin das erste „Ortsgespräch" geführt. Schon wenige Wochen später schrieb Werner von Siemens: „... die Telefone machen uns alle verdreht. Wir fertigen täglich schon 200 Paare an." Damit war eine Erfindung in ihr Heimatland zurückgekehrt, hatte doch 1861 Johann Philipp Reis seinen Sprechapparat mehrfach öffentlich und sogar dem Physikalischen Verein in Frankfurt vorgeführt. Doch seine Erfindung stieß auf Desinteresse und Vorbehalte – Professor Johann Christian Poggendorf lehnte die Veröffentlichung der Versuche in seinen einflussreichen „Annalen" ab. Man konnte durch Leitungen telegrafieren. Wozu jetzt auch noch sprechen?

Ablehnung und Unverständnis lagen einerseits an den unvollkommenen Apparaten. Andererseits war schnelle Kommunikation vor allem militärischer, politischer sowie geschäftlicher Natur und sollte, darin dem Reisen ähnlich, erst allmählich gesellschaftlich akzeptiert werden. Die Gerätschaften haben daran womöglich weniger Anteil als das Netz selbst.

Das Telefon ist nur ein Beispiel dafür, wie kreative Funken eine bisher lose herumliegende Ansammlung wissenschaftlicher Erkenntnisse, von Werkstoffen, Ideen und latentem Bedarf produktiv explodieren lassen. Sehnsüchte und Ideen meldeten sich früh. Mit der Urform des Dosentelefons hatte 1664 der englische Physiker Robert Hooke den Wunsch nach Ferngesprächen zu stillen gesucht: die Sprache läuft via Körperschall in einem Draht zwischen den Gesprächspartner, „scheinbar geschwind wie das Licht." Der französische Telegrafenbeamte Charles Bourseul skizzierte 1854 ein Mikrofon, das er sich als superschnellen Morseapparat dachte, der seine Stromimpulse genau im Takt der Sprache durch die Leitung schickt. Philipp Reis realisierte diese Idee ab 1860 als von ihm so genanntes „Telephon" (zum „Fernsprecher" eingedeutscht).

Doch ein funktionierendes Prinzip ist noch kein Produkt. Dieses kam erst fast zwei Jahrzehnte später aus Amerika zurück ins eigentliche Geburtsland. Der Taubstummenlehrer Alexander Graham Bell ließ sich sein Konzept der „wellenförmigen" Sprachübertragung am 7. März 1876 patentieren. Die Luft schien zu dieser Zeit wie gesättigt mit Ideen. Einen Monat zuvor hatte Thomas Alva Edison etwas Ähnliches patentieren lassen, aber nur zur Verwendung als Messgerät. Und nur zwei Stunden nach Bell hinterlegte der gebürtige Schotte Elisha Gray seine Telefonidee in einer Caveat genannten vorläufigen Patentanmeldung. Das freilich hatte auch bereits fünf Jahre zuvor der italienische Immigrant Antonio Meucci getan. Doch ihm ging das Geld aus, bevor er seine zudem nur vage beschriebenen Erfindung unter den endgültigen Schutz eines Patentes zu stellen vermochte.

Diese „Offenlegung" – nichts anderes heißt „Patent" – war in jenen Jahren endgültig zum Rohstoff der kommenden Entwicklungen geworden. Dekretierte noch im Jahr 1523 eine deutsche Zunfturkunde: „Kein Handwerksmann soll etwas Neues erdenken oder erfinden oder gebrauchen", so ermächtigt die amerikanische Verfassung von 1787 den Kongress, Erfindern Schutzzeiten für die exklusive Ausbeutung einer allerdings vorher offenzulegenden Entwicklung

des Erfindens

zu gewähren. Ausdrücklich „zwecks Förderung der Wissenschaften“ – doch das daraus erwachsende Patentwesen sicherte zugleich den wirtschaftlichen Ertrag aus der Verwertung von Erfindungen und erwies sich somit als Katalysator des Fortschritts.

Ein Patent schleust eine Idee in den Wirtschaftsprozess ein. Dazu muss diese nicht nur über den bisherigen Stand der Technik hinausweisen und gewerblich verwertbar sein, sondern zudem über eine „erfinderische Höhe“ verfügen. Das trifft für den „Schulterschutz für Büstenhalter“ ebenso zu wie für die Magnetschwebebahn. Beide erfunden von Hermann Kemper. Diese Spannbreite in einem einzigen Hirn zeigt, dass heute die bloße Anzahl von Patentanmeldungen nur wenig über die Innovationskraft eines Unternehmens, einer Volkswirtschaft aussagt. Diese simple Relation mag noch bis Anfang des 20. Jahrhunderts gegolten haben. Doch dann wurde das Patent auch zur Waffe im Wirtschaftskrieg. „Die Technologie-Unternehmen horteten Patente, aber nutzten sie rein defensiv“, beschreibt der ehemalige Patentanwalt Kevin Rivette dieses Konzept der „gegenseitigen Abschreckung“.

Bevor das Geistige zum Eigentum werden kann und die Erfindung wenigstens einem Menschen greifbar vor Augen steht, müssen erst einmal allerhand Neuronen im Takt feuern. Die Kreativität muss sich auf jene „Erfinderhöhe“ aufschwingen, die den „Stand der Technik“ überragt. Neu und selbst für Fachleute nicht naheliegend – das hat eine Erfindung zuallererst zu sein. Und sie hat auf der Bühne der Technik zu spielen, worunter heute selbst Sequenzen von Genen zählen. Zudem muss eine Idee gewerblich anwendbar sein, bevor sie das Deutsche Patent- und Markenamt überhaupt zur Prüfung annimmt. Und gegen die guten Sitten darf die Erfindung auch nicht verstoßen. Gemeint sind die guten Sitten nicht der Menschen, sondern die des Wirtschaftssystems. Mörderische Erfindungen wie Schnellfeuerwaffen genießen somit selbstredend den Schutz ihrer wirtschaftlichen Verwertung. Unser Patentgesetz vom 5. Mai 1936 in seiner jeweils neueste Fassung regelt dergleichen penibel.

Doch wie findet der Erfinder eine Idee? Der amerikanische Psychologe Robert W. Weisberg belegt den Edison zugeschriebenen Satz, Genie sei „ein Prozent Inspiration und 99 Prozent Transpiration.“ Wiesberg errechnete, ein Musiker brauche zehn Jahre, bis er alles Handwerkszeug beisammen habe, um selbst kreativ zu werden. Eine Konstante, die ebenso für Mozart wie für Charlie Parker zutreffe. Oder für die Beatles, die erst zehn Jahre nach ihrer Gründung als Quarry Men mit „Sergeant Pepper's Lonely Hearts Club Band“ erfinderische Höhenzüge erklommen.

Weisbergs Kollege Mihály Csikszentmihályi wiederum sieht die Kreativität des Erfinders abhängig von der umgebenden Gesellschaft, „die ein Genie fördert oder verhungern lässt.“ So begründeten die vielen Erfindungen des alten China keine industrielle Revolution wie Jahrhunderte nach ihrer Zweit-Erfindung in Europa. Kein direkter Weg führte von den durch Schießpulver befeuerten Raketen in Chinas 9. Jahrhundert zur Mondlandung, von den Heißluftballons zur Luftfahrt, vom Segelwagen zum Auto. Als das Science Museum in London zur Jahrtausendwende die „Erfindung der modernen Welt“ anhand der Technologie seit 1750 beschrieb, kam China nicht einmal vor.

Faxgerät und Computer bilden Beispiele aus Deutschland, die im Ausland eher reüssierten als in ihrer Heimat; das Fax erreichte uns aus Japan, der Computer kam aus den Vereinigten Staaten. Dabei hatte doch Arthur Korn im Deutschland bereits 1902 das elektronische Faxgerät vorgeführt und Konrad Zuse im Berlin des Jahres 1941 seine programmgesteuerte Rechenmaschine Z3 als ersten Computer entwickelt. Manche Tüfteleien, wie 1904 das Radar des Christian Hülsmeyer, sind Vorratserfindungen, für die die Zeit einfach noch nicht reif war. Den Rundfunk etwa bezeichnete Bertolt Brecht noch um 1930 als eine „Erfindung, die nicht bestellt war“.

Erfinder in Deutschland blicken oft in einen gesellschaftlichen Zerrspiegel. Ihr Image ist mehr von Daniel Düsentrieb geprägt als von Artur Fischer, ihnen haftete eher das Klischee des schrulligen Tüftlers als das des systematischen Denkers an. Deshalb auch sieht Fischer, der gelernte Bauschlosser und heute Erfolgreichste der Erfinderzunft, sich nicht als Tüftler, weil der ja eher aus Versehen oder für den Eigenbedarf etwas erfindet: „Erst ein Erfinder denkt von Anfang an auch an die Vermarktung, an den Vertrieb.“

Gäbe es unseren Artur Fischer nicht – wir müssten ihn glatt erfinden. □

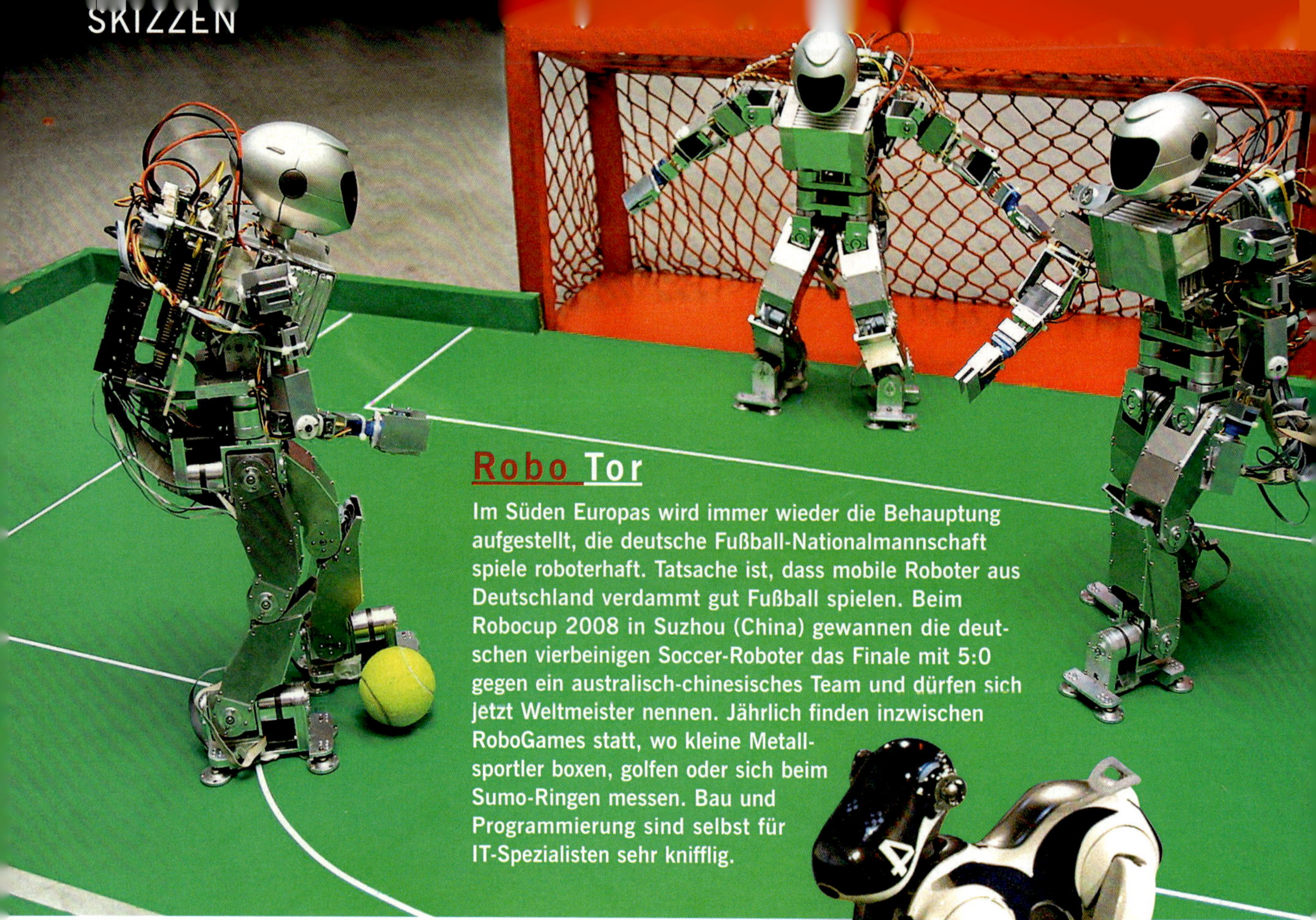

Robo Tor

Im Süden Europas wird immer wieder die Behauptung aufgestellt, die deutsche Fußball-Nationalmannschaft spiele roboterhaft. Tatsache ist, dass mobile Roboter aus Deutschland verdammt gut Fußball spielen. Beim Robocup 2008 in Suzhou (China) gewannen die deutschen vierbeinigen Soccer-Roboter das Finale mit 5:0 gegen ein australisch-chinesisches Team und dürfen sich jetzt Weltmeister nennen. Jährlich finden inzwischen RoboGames statt, wo kleine Metallsportler boxen, golfen oder sich beim Sumo-Ringen messen. Bau und Programmierung sind selbst für IT-Spezialisten sehr knifflig.

Wuff und Tor: In allen Robocup-Mannschaften spielen die gleichen Roboterhunde – der Unterschied liegt in ihrer Programmierung

Europas Route der Industriekultur

Meilensteine der Ingenieurskunst wie die weltweit erste Eisenbrücke über der englischen Severn-Schlucht: Auf die technischen Sehenswürdigkeiten in Europa weist die Europäische Route der Industriekultur (European Route of Industrial Heritage) hin. Bis heute werden 845 Standorte in 29 Ländern vorgestellt – wobei Besucher auf vielen Themenrouten das faszinierende Erbe der Technik erleben können. **www.erih.net**

ZAHLEN UND TECHNIK

53

Prozent der Deutschen glauben, der **technische Fortschritt** mache das Leben „immer einfacher“.

62 417

Patente wurden 2008 beim Deutschen Patentamt angemeldet. Zum Vorjahr bedeutete dies ein Plus von 2,3 Prozent.

$1{,}5 \times 10^{-14}$

– also 15 Billiardstel – entspricht der **Ungenauigkeit einer Atomuhr** wie der CS2 in Braunschweig. Sie geht in zwei Millionen Jahren nur um eine Sekunde falsch.

Spielplatz mit Grips

Das Odysseum in Köln ist ein bisschen Deutsches Museum, ein bisschen Abenteuerspielplatz und ein bisschen Disney-World. Mini-Einsteins können sechs Themenwelten erkunden und bei vielen Experimenten grübeln und tüfteln. Ein Wissenspark, der Spaß macht und weiterbildet. **www.odysseum.de**

Produkte für kleine Firmen, die sich keine eigenen Forscher leisten können, werden bei Rent a Scientist entwickelt

Bei Anruf Forscher

Wissenschaftler zu vermieten! Mit dieser kuriosen Idee hat das von drei Chemikern gegründete Unternehmen Rent a Scientist aus Regensburg Erfolg. Inzwischen klopfen sogar Weltkonzerne an, um sich die findigen Forscher für einzelne Projekte auszuleihen. Ursprünglich zielte das Konzept auf Firmen ohne Forschungsabteilung ab, für die neue Produkte entwickelt werden sollen. **www.rent-a-scientist.com**

Kampf der Welle

Dank deutschem Know-how sollen Monsterwellen schneller und präziser vorhergesagt werden: 2008, vier Jahre nach der Katastrophe in Asien, hat das Deutsche Geoforschungszentrum GFZ in Indonesien das Tsunami-Frühwarnsystem GITEWS installiert. Erstmals sind viele Sensoren verknüpft: Pegelmesser, Seismometer, GPS-Bojen. Die Software Seiscomp3 erfasst und verarbeitet die Daten. **www.gitews.de**

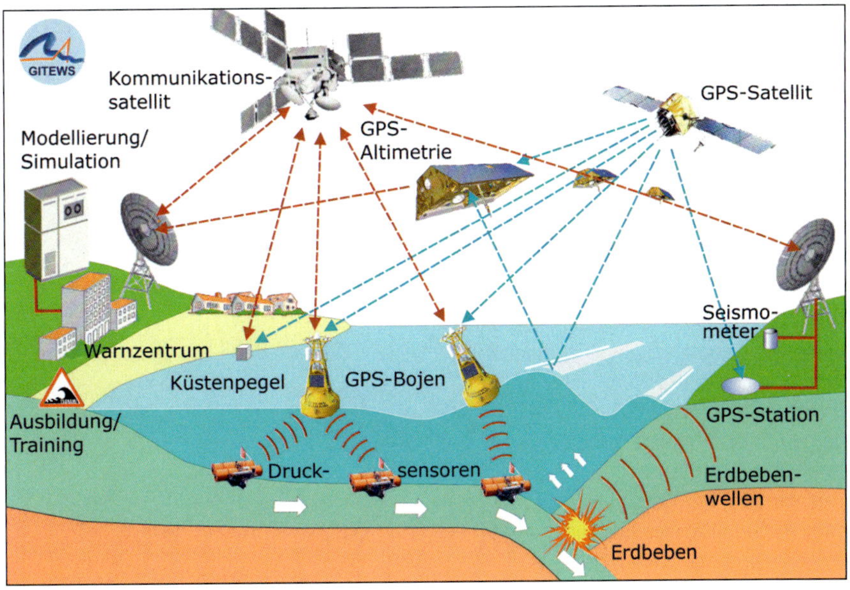

360

Kilometer Kabel und Leitungen sind in einem Airbus A380 verlegt, der teilweise in Hamburg-Finkenwerder gefertigt wird.

95 254

offene Ingenieursstellen wurden 2008 gezählt. Im Jahr 2005 lag diese Zahl noch bei 53 823.

0

technische Berufe sind unter den 20 bei **jungen Frauen** beliebtesten Ausbildungsberufen.

70 000

Haupt- und Untergruppen hat die **Internationale Patentklassifikation** (IPC).

Physik 6? Hier werden Sie geholfen

Wer war noch dieser Ohm? Und wer Ampère? Und könnten Sie, bitte schön, noch mal kurz erklären, was die Relativitätsformel so im Groben besagt? Oh je! Wer im Physikunterricht geschlafen hat, dürfte sich bei solchen Fragen heute winden. Smarte Schüler wissen sich längst zu helfen und sammeln Wissen rund um Bio, Mathe, Physik auf Seiten wie **www.klassenarbeiten.de** oder **www.mathematik-wissen.de**

Frau vom Fach: TecTV-Moderatorin Kathrin Knodel

Telegene Wunderwelten

Schweißfußforschung, Wellenkanäle, Schlittentests: TecTV geht mit der Kamera ganz nah ran und besucht Orte, an denen ungewöhnliche Technik stattfindet. Außerdem trifft TecTV junge Ingenieure, die über ihren Beruf berichten. Reporter tauchen in technische Wunderwelten wie das Cyberneum ein, und es werden auch schon mal Nachwuchsreporter gesucht, die die schnellste Achterbahn der Welt testen. Für Mutige und Technikfans: **www.tectv.de**

ENTE GUT, ALLES GUT

Was hat sie nicht schon alles ersonnen, diese am laufenden Band erfindende Ente mit Brille auf dem Schnabel? Elektronische Wetterhähne. Intelligenzbrötchen. Koboldkompensatoren. Intelligenzstrahlen. Daniel Düsentrieb – der Name steht für sagenhafte Tüfteleien aus Entenhausen und ist zum Synonym des Supertüftlers geworden. In den sechs Daniel-Düsentrieb-Specials der Barks Library sind fast alle Erfindungen zu sehen. Darunter so herrliche Phantastereien wie Zukunftskameras, Regenbogenspanner oder Hüpfstelzen zum Buttergewinnen. Das soll erst mal einer nachmachen!

8 974 Jahre
Automobilgeschichte
aurin & Klement Typ A Bj. 1905 1.005ccm 5,2kW/7PS 40km/h

Die jun

gen Macher

Früh übt sich, wer in Technik und Forschung später die Nase vorn haben will. Um Deutschlands Talente zu fördern, lockt die VDI-Initiative „Sachen machen“ Schüler in Labors, Frauen an die Werkbänke und Studenten in selbst gebaute Rennwagen

TEXT: BERTRAM JOB, FOTOS: THOMAS ERNSTING

Optimieren

Die dreidimensionale Darstellung visualisiert die WLAN-Netze in der Umgebung des Aachener Doms und der historischen Altstadt. Am Lehrstuhl für Computergraphik der RWTH Aachen arbeiten Studierende und Professoren daran, Löcher in den Netzen zu schließen

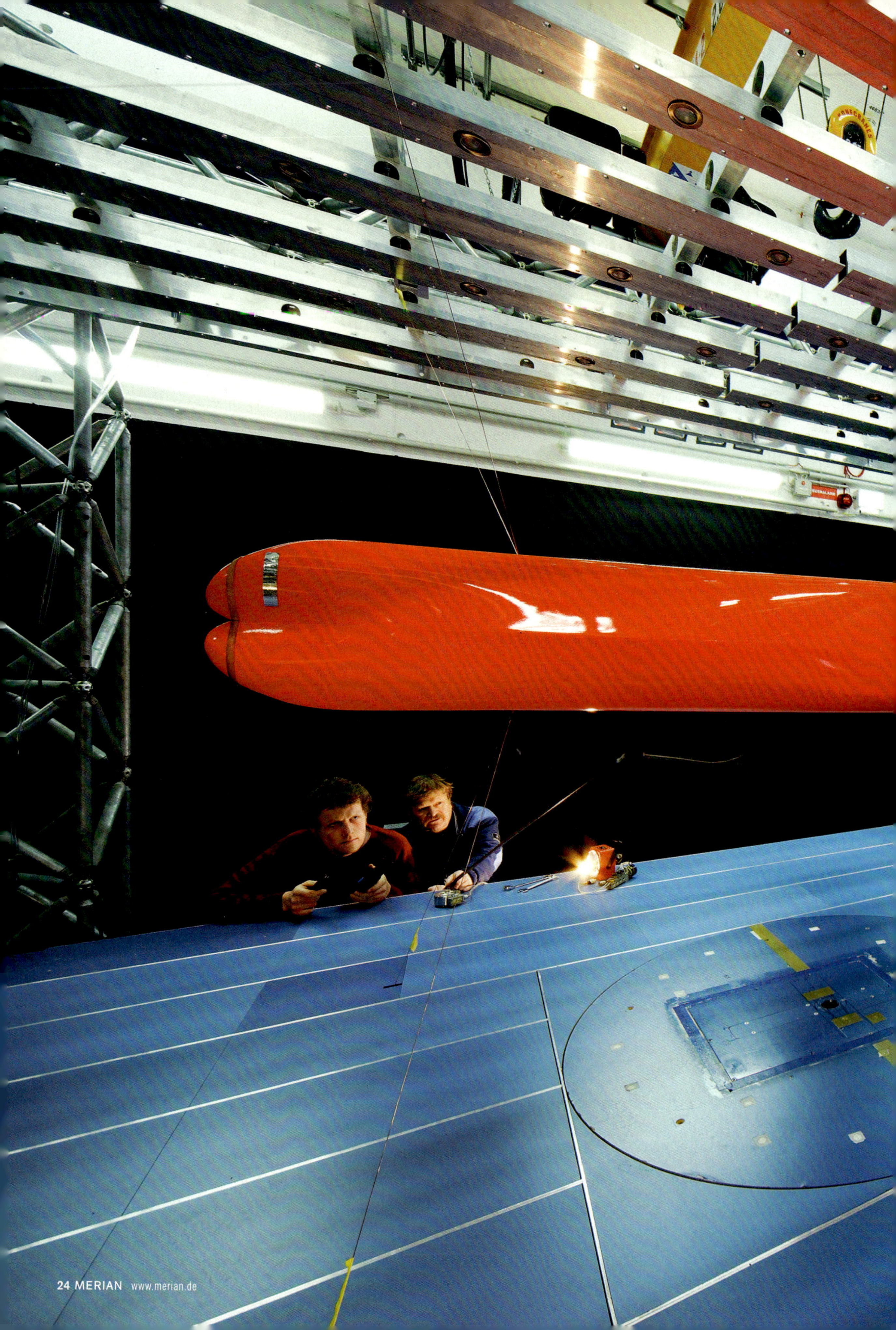

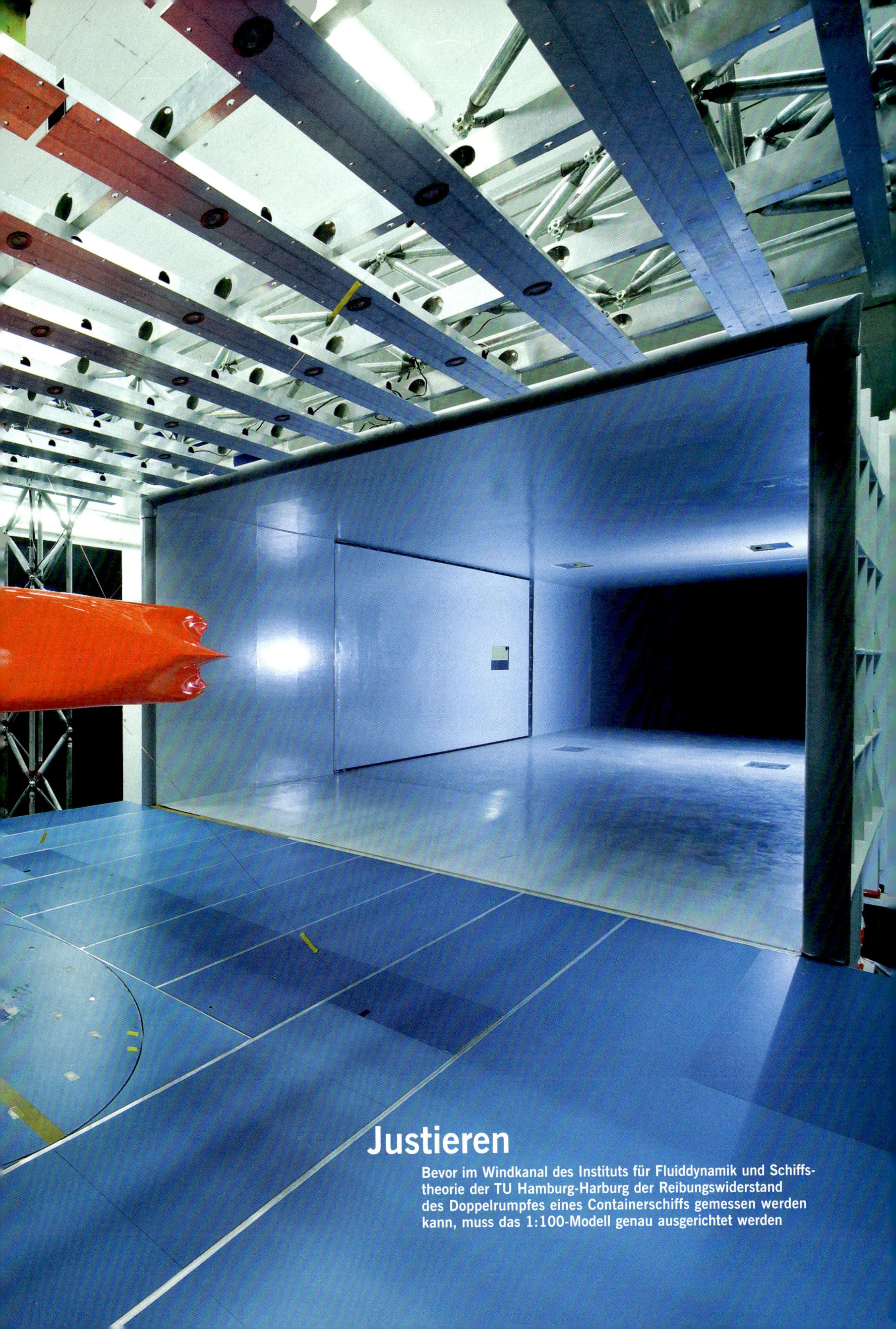

Justieren

Bevor im Windkanal des Instituts für Fluiddynamik und Schiffstheorie der TU Hamburg-Harburg der Reibungswiderstand des Doppelrumpfes eines Containerschiffs gemessen werden kann, muss das 1:100-Modell genau ausgerichtet werden

Experimentieren

Mit Schutzbrillen auf der Nase und Doktoranden der TU Hamburg-Harburg im Nacken unternehmen diese Dritt- und Viertklässler erste eigene naturwissenschaftliche Versuche an der TUHH. Die Kurse für Kinderforscher erfreuen sich großer Beliebtheit

KINDER FORSCHER
Philipp

Der kleine Dozent auf dem Podium ist ziemlich aufgeregt, doch er hat einiges zu erzählen. Neulich durften sie hier verschiedene Gelenke aus Kunststoff in menschliche Puppen einbauen, berichtet Robert-Max, „die konnte man wie einen Joystick bewegen." Außerdem waren da noch Versuche mit einer Radaranlage und erste Einblicke in den Schiffbau. „Ein Schiff ist genauso schwer wie das Wasser, das es verdrängt", erklärt Frederic und fügt leicht verlegen hinzu: „Das klingt komisch." Nach seinem kurzen Vortrag prasselt Beifall herab, dann tritt ein weiterer Drittklässler ans Mikrofon – und in diesem Takt geht es den Abend über munter weiter.

Das Audimax 1 an der Technischen Universität in Hamburg ist ein großes Forum für die Mädchen und Jungen von fünf Hamburger Grundschulen, die hier ihre ersten Begegnungen mit der Welt der Forschung schildern. Auch das ist Absicht bei der Abschlussfeier, mit der ein ungewöhnliches Projekt zur Förderung der Faszination Technik zu Ende geht. Die so getauften „Kinderforscher an der TUHH" (www.kinderforscher.de) sollen schließlich ernst genommen werden, erklärt die Initiatorin Gesine Liese. Außerdem lernten sie auf diese Weise den klassischen Rhythmus der Forschung kennen: Man recherchiert, experimentiert und präsentiert am Ende die Ergebnisse.

Über drei Monate hinweg haben sich die Kinder mit Fragen auseinandergesetzt, die auf leicht nachvollziehbare Weise zu den Themenfeldern der Fakultäten an der TU hinführen. Wie funktioniert ein Telefon, was macht eine Brücke stabil? Warum fliegen Flugzeuge, und können Enten im Sand schwimmen? An den Schulen und an der TU Hamburg wurde nachmittags im wöchentlichen Wechsel recherchiert und experimentiert. Nun steigt das finale furioso: Neugierig bis verblüfft sind Elternpaare durch die im Foyer und in den angrenzenden Räumen gezeigte Ausstellung mit den erneut aufgebauten Versuchen flaniert, jetzt sitzen sie im großen Hörsaal. Sollen sie nur staunen, wie ihre Kleinen die falsche Scheu vor Technik und TU abgelegt haben. Doch nur so kann Forschung zu ihren künftigen Betreibern finden, ist auch Gesine Lieses Gatte Andreas, Leiter des hiesigen Instituts für technische Biokatalyse, als „Partner in crime" überzeugt. „Es ist schön, wenn etwas von den Versuchen hängen bleibt", sagt der Professor, „aber erstmal soll die Begeisterung geweckt werden, Sachen in die Hand zu nehmen, zu experimentieren."

Es ist nur ein paar Jahre her, dass sich die Lieses auf dieses Abenteuer eingelassen haben – ausgelöst von der Idee, den eigenen Kindern samt Mitschülern die Welt der TU bei einem Besuchstag zu demonstrieren. Mittlerweile ist daraus ein Referenzprojekt geworden, das auf das gesamte Bildungswesen der Hansestadt abstrahlt. Die vornehmlich aus Spenden finanzierte Initiative holt Hamburgs Schüler direkt am Klassenzimmer ab: Neu konzipierte Unterlagen und fertige

Konstruieren

Ein Schuljahr lang bietet die Dr. Reinold Hagen Stiftung Mädchen des 9. Schuljahres an, in ihren Werkstätten praktische Erfahrung in technischen Berufen zu sammeln. Die anfängliche Skepsis des Kursleiters wich der Begeisterung: „Mädchen arbeiten mit mehr Disziplin und Genauigkeit als Jungs".

Experimentiersätze werden kostenlos zur Verfügung gestellt und wieder hergerichtet. So greift man tendenziell überforderten Lehrern unter die Arme und ermöglicht ihren Eleven die „frühe Interessensentscheidung".

Kann man damit überhaupt zu früh beginnen? Wirklich leisten kann sich die deutsche Gesellschaft diesbezügliche Versäumnisse nicht mehr. 64 000 Ingenieurstellen konnten 2008 nicht besetzt werden, und daran ist nach allgemeiner Einschätzung nicht bloß der

Technik lieben lernen

Deutschland braucht mehr Ingenieure. Um den Nachwuchs für technische Berufe zu begeistern, hat der VDI die Initiative „Sachen machen“ gestartet

Warum fliegt ein Flugzeug? Bei den Kindercampus-Vorlesungen der FH Osnabrück wird, die Papierflieger beweisen es, mit Praxisbezug gelehrt

Die Deutschland-Karte zeigt ein klares West-Ost-Gefälle: Die Zahl der Studienanfänger in den Ingenieurswissenschaften ist im Osten deutlichg höher als im Westen. Um den Nachwuchs vor allem in den alten Bundesländern für technische Berufe zu begeistern, hat der Verein Deutscher Ingenieure (VDI) die Initiative „Sachen machen“ gestartet. Daran beteiligen sich unter anderem folgende Hochschulen und Stiftungen in Westdeutschland:

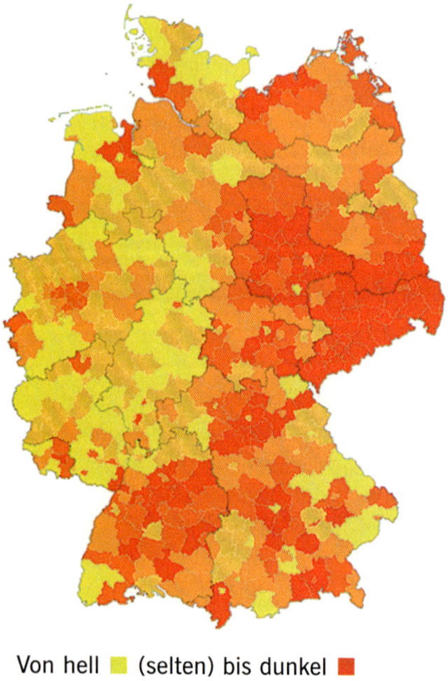

Von hell ■ (selten) bis dunkel ■ (häufig) eine klare Sache: Im Osten schreiben sich deutlich mehr Studienanfänger für Ingenieurswissenschaften ein

Quelle: Der Spiegel/CHE Consult

FH OSNABRÜCK

Den 8200 Studenten stehen in zwei Stadtteilen sowie in Lingen/Ems an drei Fakultäten, drei Departments und einem Institut 78 Studienprogramme mit internationalen Abschlüssen (Bachelor, Master, MBA) zur Verfügung. Die FH, die seit 2003 Stiftungs-Universität ist, organisiert u.a. einen „Kindercampus“ für Schüler zwischen neun und zwölf Jahren, der altersgerechte Vorlesungen in Osnabrück und Lingen abhält.
Tel. (05 41) 96 90
www.fh-osnabrueck.de

TU KAISERSLAUTERN

11 300 Studenten zählt die auf technische und Ingenieur-Studiengänge ausgerichtete Uni. Sie unterhält zwei Forschungszentren und insgesamt zehn Institute, darunter einen von vier Standorten des Deutschen Forschungszentrums für künstliche Intelligenz, das mit seinen Projekten zu innovativen Softwaretechnologien als renommiertes „Center of Excellence“ anerkannt ist. An der Modellfabrik „SmartFactory“ (www.smartfactory-kl.de) arbeiten und forschen derzeit 15 Studierende.
Tel. (06 31) 20 50, www.uni-kl.de

TUHH HAMBURG-HARBURG

„Technik für die Menschen“ ist das Leitmotiv der 1978 gegründeten Universität in Hamburg. Rund 5 000 Studierende können zwischen 16 Master- und zwölf Bachelor-Studiengängen wählen; dazu werden sieben englischsprachige Studiengänge mit dem Abschluss International Master angeboten. An Schüler richtet sich das Projekt „Kinderforscher an der TUHH“ (www.kinderforscher.de), ihnen sind auch Roboterkurse, eine Vorlesungsreihe zum Schiffbau und eine Studienorientierung („TUHH 4YOU“) zugänglich.
Tel. (040) 428780
www.tu-harburg.de

RWTH AACHEN

Die Exzellenz-Uni im Dreiländeck bietet Platz für 30 000 Studierende, die an neun Fakultäten alle gängigen Abschlüsse (Bachelor, Master) erwerben können. Beginnend mit der „KinderUni“ bietet die RWTH für Schüler aller Altersstufen eine umfangreiche Nachwuchsförderung. So gibt es „Helle Köpfe in der Informatik“ für begabte Grundschüler und „Science Nights“ für Oberstufenschüler, die an Chemie besonders interessiert sind. Als rollender Hörsaal und mobiles Lab ist der „Science-Truck“ bundesweit unterwegs.
Tel. (02 41) 809 40 50
www.rwth-aachen.de

DR. REINOLD HAGEN STIFTUNG

„Menschen fördern – Technik gestalten“, so lautet der Auftrag der Dr. Reinold Hagen Stiftung. Die gemeinnützige, 1988 gegründete Stiftung ist in den Bereichen berufliche Bildung sowie Forschung und Entwicklung in der Kunststofftechnik aktiv. Sie führt Forschungsprojekte durch und vergibt Förderpreise. Im Bereich der Ausbildung betreibt sie eine überbetriebliche Ausbildungsstätte mit modernster technischer Ausstattung. Auch Projekte zur Berufsorientierung werden initiiert und durchgeführt.
Tel. (02 28) 976 90
www.hagen-stiftung.de

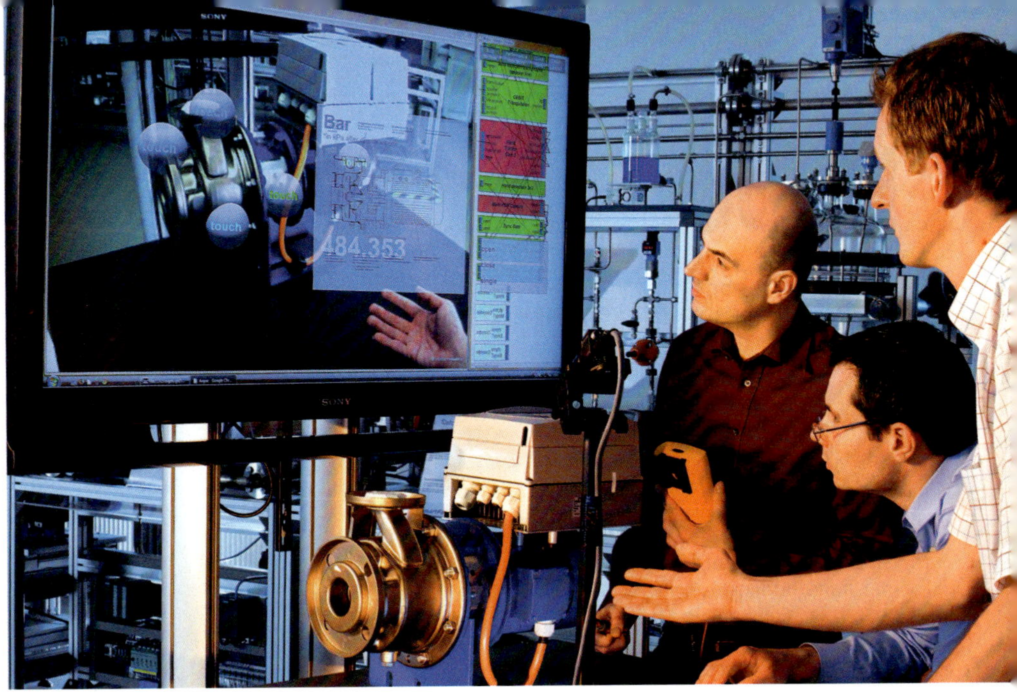

Generieren

Die „SmartFactory", eine Forschungsfabrik der TU Kaiserslautern ist weltweit einzigartig. Forscher entwickeln hier etwa ein neues Wartungssystem. Informationen überlagern dabei das Bild der Pumpe auf dem Monitor. Das Ziel: nie mehr Bedienungsanleitungen blättern

demografische Wandel, sondern auch ein verbesserungswürdiges Image der technischen Berufsbilder schuld. Meist dauert es viel zu lange, bis der Nachwuchs auch nur ansatzweise mit der Sphäre der Naturwissenschaft in Berührung kommt – vom oft geforderten Technikfach an den Schulen gar nicht zu reden. Also rauschen entsprechende Berufsbilder weitgehend an Jahrgängen vorbei, die den renommierten Technologie-Standort eines Tages behaupten müssten.

Deshalb setzt die Initiative „Sachen machen", die der VDI Anfang 2006 gestartet hat, insbesondere auf die Heranwachsenden. „Den Nachwuchs begeistern", lautet die erste und vielleicht wichtigste ihrer drei Devisen. Denn nur wer selbst den Spaß am Forschen erfährt, kann seine Potenziale beizeiten entdecken. Und nur wer dabei von gezielten Projekten begleitet wird, kann Weichen stellen – nicht bloß für ein Studienfach, sondern für die spätere Laufbahn und das Leben. Bundesweit möchte die Initiative beispielhafte Projekte fördern, die bei jungen bis jüngsten Generationen ansetzen. Nicht nur in Hamburg werden schließlich coole Sachen gemacht.

Was war das etwa für eine spannende Zeit, als Anika, Ariane und die anderen sich dienstags nicht in der erzbischöflichen Liebfrauenschule, sondern in den Werkstätten der Dr. Reinold Hagen Stiftung einfanden.

Ein ganzes Schuljahr lang zog es die Teenager des Mädchengymnasiums einmal in der Woche an den Bonner Stadtrand hinaus, wo die Späne flogen. Metallverarbeitung und Programmierung, Elektro- und vor allem Kunststofftechnik: Es waren ganz neue Inhalte, mit denen sich die 14-köpfige Mädchengruppe am „Werkstatt-Tag" beschäftigte – einem 2005 initiierten Projekt für die Sekundarstufe I, das insgesamt fünf Schulen der Region Bonn-Rhein-Sieg einbezog.

Das fiel am Anfang manchmal schwer, „weil wir auf einmal nur noch standen statt zu sitzen", erinnert sich Stephanie. Mit der Zeit aber wurde die „ganz andere Atmosphäre" selbstverständlich, so Anika, und jede von ihnen machte „eine wichtige Erfahrung". Die vielleicht wichtigste machte Heinz-Josef Breuer als Werkstattleiter mit anfangs fundamentaler Skepsis: Seine Vorbehalte gegen eine Mädchengruppe wichen schnell dem blanken Staunen über so viel Disziplin und Akkuratesse. „Manchmal kriegte ich eine Gänsehaut, wenn ich die beim Feilen sah", gesteht der Rheinländer. „Die Feinmotorik ist wesentlich besser ausgebildet. Außerdem gehen die Mädchen nüchterner ran als die Jungs, die gern mal Blödsinn machen."

Das von der Stiftung entwickelte Projekt, das Anfang 2009 den Best Practice Award der Initiative erhielt, ist für die Gymnasiastinnen inzwischen Vergangenheit. Bei „dem Breuer" aber schauen sie heute noch ab und zu herein, wenn sie an einem technischen Problem tüfteln. Die Courage, Dinge selber auszuprobieren, ist spürbar gewachsen, und die Perspektive auf künftige Berufe hat sich erweitert. Viktoria will Astrophysik oder Mathe studieren, Stephanie kann sich einen Ingenieurberuf vorstellen, und Ariane strebt „auf jeden Fall was mit Naturwissenschaften oder IT" an.

Es sind endlich auch die Mädchen, die Sachen machen sollen und wollen. „Wenn da überhaupt noch Widerstände zu überwinden sind, so liegen die eher bei den Eltern", weiß Friedrich Arera, Ausbildungsleiter der Hagen Stiftung, „aber auch die lassen sich meist schnell überzeugen." Und die spezifischen Angebote für die kleine Gruppe der Frauen, die in den Ingenieurs-Fächern gerade mal gemittelte 3,5 Prozent der studentischen Population ausmacht, nehmen zu. An der RWTH in Aachen etwa steigen zum Frühjahr und Herbst

Experten auf Zeit

Fachkräfte gesucht? Oder gar hochqualifizierte Spezialisten? Unternehmen wie Avitea, Brunel und Euro-Engineering stellen Ingenieure für besondere Projekte bereit

BRUNEL UND EURO ENGINEERING

Jedes noch so gut geführte Unternehmen kann an einen Punkt kommen, wo ihm das Know-how ausgeht. Die FTI Group zum Beispiel, ein deutscher Systementwickler für Luftfahrt, Energie und Transportation, tüftelte an einem neuen digitalen Kamera-Modul für mehrere Airbus-Modelle, das die Überwachung von Flugzeugbetankungen in der Luft verbessern sollte. Ein spannendes Projekt, für das ein teamfähiger, kompetenter Ingenieur fehlte. Die Aufgabe war eine Herausforderung: Vier verschiedene Kameras für Tag- und Nachtsowie Nah- und Fernsicht sollten in der Summe eine präzisere Aufzeichnung der brisanten Tankmanöver ermöglichen – und damit auch eine umgehende Fehleranalyse und Korrektur. Gefunden wurde schließlich ein Mitarbeiter des internationalen Ingenieurdienstleisters, der über einen seiner 33 deutschen Standorte den passenden Experten rekrutierte. Zusammen mit FTI- und Airbus-Ingenieuren bildete er eine weitgehend unabhängige Firma-in-der-Firma, die das „Receiver Surveillance System" in acht Monaten zur Produktionsreife entwickelte – und auch noch eine laserbasierte Komponente für die Videoüberwachung des Anflugs zur Luftbetankung ausarbeitete. So kann FTI inzwischen mehrere Maschinen der Bundeswehr und der kanadischen Luftwaffe mit den Kamerasystemen bestücken. Vermitteln und verknüpfen, um konkrete Ergebnisse zu erzielen, das ist das Kerngeschäft von Unternehmen wie Brunel und Euro-Engineering. Ein anderes Beispiel: Gesucht wurde ein englischsprachiger Physiker, der für das schwedische Kernkraftwerk Oskarshamn an einer Schnittstellen-Position zwischen System- und Leittechnik tätig wird. Ziel der brisanten Operation PLEX („Plant Lifetime Extension") ist die umfassende Modifizierung diverser Systeme, die einen um 30 Jahre verlängerten Betrieb der Siedewasser-Anlage am Kalmarsund ermöglicht. Gefunden wurde ein junger deutscher Düsentrieb mit Auslands-Semester in Schottland, der auch noch Daniel hieß. Die Frankfurter Brunel-Niederlassung vermittelte den promovierten

Es fehlt ein heller Kopf, der die Überwachung von Flugzeugbetankungen in der Luft verbessern hilft? Ingenieurdienstleister kennen den passenden Profi

Physiker im Jahr 2008 an den französischen Areva-Konzern, der maßgeblich an Oskarshamn beteiligt ist.
Die Ingenieurdienstleister Brunel und Euro-Engineering halten mit hochqualifizierten Experten abrufbares Know-how für technische und wissenschaftliche Vorhaben fast jeder Art vor. Sie unterstützen größere Firmen, Projekte schnell effektiv umzusetzen – und helfen kleineren, neue Vorhaben überhaupt erst anzugehen. „Viele kriegen größere Entwicklungen und Produktserien allein nicht hin", weiß Bastian Krapf, Teamleiter für Brunel in München. „Also brauchen sie einen großen Partner – und den können wir mimen." An 90 Standorten in 32 Ländern kann Brunel mit Konzernsitz in Amsterdam über 8000 Ingenieure, Informatiker und Techniker verfügen. Dabei sorgen die Leiter überschaubarer Team-Einheiten dafür, „dass die unter Feuer gehalten werden und einen sicheren Arbeitsplatz haben". Dezentrale Strukturen und komplexe Netzwerke sind dabei wichtiger als repräsentative Firmenprofile. Auch der Euro-Engineering sieht man ihre bedeutende Rolle in der Ingenieursbranche in ihren 43 Niederlassungen in Deutschland kaum an. Tatsächlich kann sie aus 2100 Experten wählen, um „human resources" für vielfältigste Projekte deutscher Firmen im In- und Ausland zu rekrutieren – vom Anlage- und Maschinenbau bis zur Elektro- und Medizintechnik. Über drei Prozent des Jahresumsatzes wird in die Weiterqualifikation der Mitarbeiter investiert.

Brunel
Ingenieurdienstleistungen, Projektpartner für Technik und Management.
Weltweit über 8000 Mitarbeiter.
Tel. (04 21) 16 94 10, www.brunel.de

Euro-Engineering
Branchenübergreifende Ingenieur-Dienstleistungen. 2100 Mitarbeiter.
Tel. (02 11) 530 65 30
www.ee-ag.com

AVITEA

Mit 2000 Mitarbeitern und vier Standorten hat sich das Unternehmen aus Lippstadt als potenter strategischer Partner für mittelständische und große Betriebe etabliert. Die Personaldienstleistungen in Ingenieursberufen und auf anderen Sektoren umfassen auch Administration, Recruiting und Personalentwicklung. Im Ausbildungsverbund mit Betrieben und Bewerbern werden gezielte Qualifizierungsmaßnahmen von der Lehre bis zum Fachseminar durchgeführt. Durch enge Kooperation mit Fach- und Technikerschulen in Westfalen wird der Nachwuchs früh gesichtet und gefördert.
Tel. (029 41) 27 01 40, www.avitea.de

je zwei Projekttage für Schülerinnen in der Berufsorientierungsphase („Mädchen in Technik und Handwerk“). Dazu können Oberstufenschülerinnen Mitte Januar ein zweitägiges „Schnupperstudium“ in den männlich dominierten Fakultäten absolvieren.

Hier ein „Girls' Day“, dort ein „Mädchen-Besuchstag“: Immer mehr Hochschulen stellen sich immer gezielter auf das größte schlummernde Nachwuchs-Potenzial für technisch-naturwissenschaftliche Fächer ein. Der Kontakt zur Welt der Werkstätten und Laboratorien kann nicht früh genug beginnen, darin sind sich Ausbilder und Pädagogen für beide Geschlechter einig – und am besten, so meinen sie, darf er nie abreißen. Auch während des Studiums können gezielte Projekte auf künftige Erfahrungswelten vorbereiten.

Das passiert zum Beispiel an der TU in Kaiserslautern. Absolventen diverser Ingenieur-Fakultäten sind dort im Deutschen Forschungszentrum für künstliche Intelligenz (DFKI) mit praxisnahen Projekten zur „intelligenten Produktion“ betraut. Ihre Lösungsansätze für automatisierte Prozesse können sie in der „SmartFactory“ erproben, der weltweit ersten Forschungs- und Demonstrationsfabrik. Diese Plattform einer *public-private-partnership* verschafft etwa Maschinenbauern und Mechatronikern „einen mächtigen Vorteil“, wie Detlef Zühlke, Professor für die Produktionsautomatisierung und DFKI-Initiator, überzeugt ist: „Studenten sollen sich über ihr Ressort hinweg austauschen können.“

Und ausprobieren. Ein halbdunkler Werkschuppen auf dem Campus der Fachhochschule Osnabrück an einem nieseligen Nachmittag: Hier haben Tobias Krieg und einige Kommilitonen, die meisten von der Fakultät für Fahrzeugtechnik, wieder mal an ihrem Boliden getüftelt. Das „Ignition Racing Team“ der FH will im dritten Jahr in Folge einen Monoposto auf die Piste bringen, der beim internationalen Wettbewerb der „Formula Student“ bestehen kann. Das bedeutet nicht nur, ein renntaugliches Auto vom CAD-Entwurf bis zum Roll-out „auszulegen“, wie das im Fachidiom heißt. Es erfordert die komplette Simulation eines Unternehmens, das sein Produkt marktfähig machen muss.

Das hier ist das Ausgleichsgetriebe, zeigt der 29-jährige Teamleiter mit spürbarer Euphorie – alles selbst entwickelt und realisiert. Nicht weit daneben steht eine Vorstufe des Monocoque, der aus Karbon sein wird. So wenig Gewicht wie möglich soll für so viel Speed wie möglich sorgen, wenn der finale Wettbewerb im August auf dem Hockenheimring steigt. „Aber mit Tempo allein gewinnt man gar nix.“

Auch Konstruktion, Design, Kostenanalyse und Business Plan sind Kategorien, nach denen in Hockenheim bewertet wird. Deshalb sind auch Werkstoffwissenschaftler und Industriedesigner im 50-köpfigen Team – und die smarte Wirtschaftswissenschaftlerin Johanna, die sich um das Management und Sponsoring kümmert. „Wir können dabei alle voneinander lernen“, begeistert sich Krieg, „so interdisziplinär läuft hier kein zweites Projekt.“

Leider ist den Osnabrückern fast ein Drittel des Etats, der im Herbst 2008 für den „IR09“ kalkuliert wurde, inzwischen weggebrochen – mancher Sponsor habe unter dem Druck der Krise seine Unterstützung zurückgezogen, berichtet Johanna. Auch das ist die Wirklichkeit der freien Wirtschaft – und es eigentlich nur gut, wenn sie wenigstens phasenweise durch die Seminarräume weht. Irgendwie werden sie diese Kiste schon zum Laufen kriegen, gibt sich Krieg überzeugt: „Das ist jetzt die Herausforderung.“ □

Analysieren

Mit Hilfe dieser Hochdruckkammer untersuchen Wissenschaftler am Lehrstuhl für Verbrennungskraftmaschinen der RWTH Aachen alternative Kraftstoffe aus Biomasse

Lufthansa Technik
VIP & Government Jet Maintenance

DER NORDEN

Wo Jumbos zum Checkup landen, der Reifen neu erfunden wird und Experten das ewige Eis erforschen: Spitzentechnologie, die Visionen folgt

Unterkunft für Überflieger: Die Lärmschutzhalle von Lufthansa Technik in Hamburg ist die größte der Welt – hier werden auch die mächtigen Triebwerke von Jumbojets getestet

Lange Leitungen: Bei Lufthansa Technik werden die komplexen Triebwerke zerlegt. Neben der Wartung wird in Hamburg aber auch die Entwicklung neuer Komponenten vorangetrieben

FÜR BESUCHER D/E 3

Triebwerkswerkstatt, Wartungs- und Lackierhallen: Bei Besichtigungen können Besucher die faszinierende Welt moderner Flugzeugwartung hautnah erleben. Spezialisten der Lufthansa-Technik-Basis in Hamburg beantworten alle Fragen. Kosten: 20 € pro Person. Infos über den Besucherdienst,
Tel. (040) 50 70 36 66
www.lufthansa-technik.com

LUFTHANSA TECHNIK, HAMBURG

OP am offenen Flieger

Flügel bekommen Ohren, und Roboter lernen den perfekten Schliff – die moderne Flugzeugwartung macht's möglich.

Die ruhigste Hand im Haus hat ein Roboter. Ein intelligenter orangefarbener Metallarm, mit Schläuchen und Hydrauliken bewehrt. Er rotiert und hantiert in Sekundenschnelle, Fehler kennt er nicht. Der Roboter hat aber nicht nur einen sicheren Griff. Er arbeitet auch präziser und feinfühliger als jeder Mensch.

Das Genie namens ARP-Roboter steht in einem kleinen verglasten Raum der Lufthansa Technik am Hamburger Flughafen. Sein Greifmechanismus schnellt nach vorn, senkt sich und packt zu. Sein Job ist ziemlich eintönig, denn er macht immer das Gleiche, 24 Stunden am Tag, Woche für Woche: Er hebt kleine Triebwerksschaufeln aus einer Vorrichtung, führt sie an eine sich rasend schnell drehende Schleifscheibe und führt sie dort so geschmeidig und hundertstelmillimetergenau vorbei, dass die Teile wieder ein perfektes, zuvor per Laser vermessenes und vom Computer berechnetes areodynamisches Profil bekommen.

Die flachen, gewundenen Teile bestehen aus einer sündhaft teuren Titanlegierung: Es sind die Triebwerksschaufeln von Düsentriebwerken – die schlanken Flossen jener runden, lamellenartigen Konstruktion, auf die der Passagier manchmal beim Einsteigen schaut und die sich beim Start und während des Fluges auf Hochtouren drehen. Durch Luftpartikel und den hohen Widerstand beim Fliegen nutzen sich diese Schaufeln jedoch ab und erodieren. Verlieren ihre Anströmungskanten mit der Zeit aber ihre perfekte aerodynamische Form, kann das Flugzeug nicht mehr die optimale Leistung entwickeln. Darum bekommen die Triebwerksschaufeln bei Lufthansa Technik regelmäßig ein Face-Lifting: den perfekten Feinschliff für effiziente Konturen.

Und den übernimmt der Roboter, genauer gesagt ARP: der Advanced Recontouring Process, eigens von Lufthansa Technik und der Rheinisch-Westfälischen Technischen Hochschule Aachen entwickelt und heute die modernste Methode, um Triebwerke wieder fit zu machen. „Die Turbinen können so bis zu tausend Stunden länger im Einsatz bleiben, zudem verbrauchen die Flugzeuge wesentlich weniger Kerosin", sagt Reinhard Schmelke, Spezialist in der Abteilung für Triebwerksüberholung. Dadurch kann eine große Fluggesellschaft im Jahr Millionensummen einsparen – und der Umwelt Tonnen an schädlichem CO_2-Ausstoß ersparen. Ein kleiner Schliff am Roboter, aber ein Aufschwung für die moderne Fliegerei.

In den hellen Hallen ist es blitzsauber, Techniker laufen umher, sitzen vor Bildschirmen und demontieren riesige Jumbo-Triebwerke. Doch hegt und pflegt die Lufthansa Technik AG für ihre weltweiten Kunden keineswegs nur Düsen. Sie ist vielmehr einer der größten und modernsten Betriebe für technische Innovationen und Lösungen rund um die Fliegerei. Der Service reicht von kleinen Wartungsarbeiten über die Ersatzteillogistik bis hin zur kompletten Flugzeugüberholung. Keine einfache Aufgabe: 26000 Mitarbeiter sorgen weltweit dafür, dass die Flugzeuge der Lufthansa und ihrer Kunden sicher und effizient fliegen.

Die diversen Checks, denen sich die Maschinen in exakt vorgeschriebenen Intervallen unterziehen müssen, stehen im Mittelpunkt der Arbeit. Vom täglichen Ramp Check bis zum D-Check, der Generalüberholung, bei der die Flugzeuge alle fünf bis zehn Jahre komplett zerlegt werden. Ein solcher D-Check besteht aus beängstigend vielen Arbeitsschritten, festgelegt in einem Instandhaltungsbuch – das für einen Jumbojet früher aus 26 Bänden mit 41000 Seiten bestand.

Ein Spezialistenteam aus 100 Ingenieuren stellt sich dabei immer wieder einer hübschen Denksportaufgabe: Wie können wir diese komplexen Prozesse schneller, sicherer und gleichzeitig wirtschaftlicher gestalten? Die Resultate können sich sehen lassen. Heute sind die Wartungshandbücher elektronische Tools; der Zeitaufwand einer Jumbo-Überholung wurde dank moderner Methoden von 90000 auf 60000 Mann-Stunden reduziert. Die Kunden freut dies. Jeder Tag an zusätzlicher Liegezeit in der Technik kostet bei einem Jumbo mal eben einen sechsstelligen Betrag an Einnahmeausfällen.

Die Spezialisten von Lufthansa Technik führen die komplizierte Wartung nicht nur durch, sie arbeiten auch ständig daran, den Wartungsprozess selbst zu optimieren und die Luftfahrt ökonomischer zu gestalten. In den Triebwerken werden etwa „fliegende Ohren" installiert – Sensoren, die die Funktionen im Flug überwachen und Daten via Satellit zu Diagnosezentren am Boden senden. Airline Support Teams können zudem innerhalb von Stunden an jeden Flugplatz der Erde entsandt werden, um Arbeiten vor Ort zu erledigen. Doch all dies ist noch nicht genug.

Wie ist Fluglärm noch weiter zu reduzieren? Wie lassen sich Aramidfasern in den Triebwerken durch effektivere Kohle- und Glasfasern ersetzen? Wie sehen die Onboard-Entertainment-Systeme der Zukunft aus? Und wie lassen sich gleichzeitig die Flugleistung steigern und die Umwelt entlasten? Moderne Fliegerei bedarf hier und da schon mal der Quadratur des Kreises. Und bevor alle Roboter und Hightech-Geräte die immer schwierigeren Aufgaben erfüllen, sind vor allem die Experten in Hamburg gefragt: kluge Köpfe – dem Hier und Jetzt stets ein paar Flügelschläge voraus. □

Feines Händchen: Der ARP-Roboter (Advanced Recontouring Process) arbeitet präziser als jeder Mensch. Sein Greifarm führt Verdichterschaufeln an eine Schleifscheibe, wo sie ein millimetergenaues Profil erhalten

FÜR INTERESSIERTE D5

Wie werden Reifen auf der Teststrecke Conti-Drom bei Hannover getestet? Wie sieht die Systemtechnik für die Autos der Zukunft aus? Wie können Gaspedale mit dem Fahrer kommunizieren? Auf der Website des Unternehmens finden Technik-Fans interessante Informationen zu den aktuellen Forschungsbereichen. www.conti-online.com

Weltweit werden Jets mit Spezialschläuchen von Continental betankt. Sie sind extrem dicht und druckfest, beständig gegen Kerosin und übertreffen die Sicherheitsstandards von Ölgesellschaften

CONTINENTAL, HANNOVER

Ein Riese gibt Gummi

Mit Reifen eroberte Conti die Welt. Heute überrascht der Konzern den Markt mit innovativen technischen Raffinessen

Es musste schnell gehen damals. Im Minutentakt kamen Flugzeuge, brachten Kohle, Kartoffeln, Milchpulver, Mehl. Danach mussten die Tanks blitzschnell befüllt werden, damit die Maschinen wieder losfliegen konnten – um Westberlin nach dem Krieg zu versorgen. Fast 200 000 Mal landeten von Juni 1948 bis zum Mai 1949 die „Rosinenbomber" in der Exklave, deren Landverbindungen in die amerikanische und britische Zone Deutschlands von den Sowjets blockiert wurden, und schleppten mehr als 1,4 Millionen Tonnen Fracht heran.

Doch gerade das rasante Auftanken der Propellermaschinen machte Schwierigkeiten; es gab keine geeigneten Schläuche. Bis die Ingenieure von Continental auf eine Idee kamen und mit der Partnerfirma Elaflex ein Betankungssystem entwickelten, das schnell und sicher war.

„Was aus der Not geboren wurde, ist zur Erfolgsstory geworden", sagt Willi Emde, leitender Ingenieur bei ContiTech, einer Tochter von Continental. „Heute arbeiten nahezu alle Flughäfen der Welt mit unseren Betankungsschläuchen." Ob Rio oder Rom, Köln oder Kapstadt, wo immer ein Passagier einen schwarzen Rüssel aus seinem Flugzeug heraushängen sieht – hergestellt wurde dieser im hessischen Korbach. Doch produzieren die 1200 ContiTech-Mitarbeiter dort nicht nur Kerosin-Füller für Jets, sondern auch Schläuche für Benzin, Wasser, Druckluft und Dampf. Schläuche in einer Gesamtlänge von 40 000 Kilometern verlassen hier jährlich das Werk, lang genug, um sie fast einmal um den Globus zu schlingen. Für ContiTech arbeiten an 77 Standorten in 26 Ländern etwa 21 700 Menschen, die außer Schläuchen noch viele andere raffinierte Produkte herstellen. In Schweden etwa ist eine Schneidemaschine im Einsatz, die stündlich bis zu 1200 Quadratmeter Schilf mähen kann – als Antrieb dienen Fördergurte von ContiTech.

Einen Rekord halten die weltweit effektivsten Transportbänder für gigantische Braunkohlebagger: Die nur 45 Millimeter dünnen Conti-Bänder wuchten 40 000 Tonnen pro Stunde aus der Erde, das entspricht der Ladung von 1000 großen Lkws. Aber auch Antriebsriemen, Membranen, Folien, Dichtungs- und Federungssysteme stammen aus dem Unternehmen. Wer in einen großstädtischen Linienbus steigt, trifft fast immer auf Entwicklungen von ContiTech: Für den an eine Ziehharmonika erinnernden Faltenbalg im Gelenk vieler mehrachsiger Busse haben Ingenieure des Hauses einen Werkstoff aus Synthesekautschuk mit Glasfaser-Gewebe ersonnen, der flexibel und gleichzeitig stabil ist, der Licht durchlässt und schmutzabweisend wirkt. Ein besonderer Schlauch musste für den Bau des Gotthardtunnels konstruiert werden – anderthalb Kilometer lang, 75 Tonnen schwer, ein Gummikoloss, mit dem sich tief aus der Röhre des Tunnels der Abraum spülen ließ.

ContiTech ist nur ein Teil der „Rubber Group", der „Gummi-Gruppe" von Continental in Hannover, zu der auch die Reifenhersteller gehören. Ihre Erfolgsstory begann mit der

„Continental-Caoutchouc- und Gutta-Percha-Compagnie“, die im Jahr 1871 Pionier in der Technik des Vulkanisierens war: Unter Hitze und Druck wurde aus Kautschuk und Schwefel Gummi gewonnen. 1892 fertigte Continental die ersten Luftreifen fürs Fahrrad, 1898 profillose Reifen fürs Automobil und bald darauf Pneus mit Profil. Heute fährt jedes vierte Auto in Europa auf Continental-Reifen.

Gummi ist längst nicht mehr der einzige Stoff, mit dem der Riese die Automobilindustrie beliefert. Von den rund 24 Milliarden Euro Umsatz, den 2008 knapp 140000 Mitarbeiter weltweit erwirtschafteten, entfallen fast 15 Milliarden auf die Automotive Group der Continental. Hier entstehen Fahrwerkelektronik, Getriebesteuerung, Antiblockiersysteme, Airbagsteuergeräte und Beschleunigungssensoren, und die Experten für Forschung und Entwicklung warten mit immer neuen technischen Überraschungen auf. Nach nur drei Jahren Vorbereitung wurde etwa ein innovativer Turbolader marktreif: Angetrieben von einer Turbine, die von über 1000 Grad heißem Abgasstrom auf 4000 Umdrehungen pro Sekunde gebracht wird, presst ein Verdichter mit hohem Druck Luft in die Verbrennungsräume. Das steigert die Leistung, spart Benzin und reduziert den CO_2-Ausstoß. Zwei Millionen Stück will Conti bis zum Jahr 2014 im tschechischen Trutnov (Trautenau) bauen.

Seit fast 140 Jahren lassen sich die Konstrukteure immer wieder etwas einfallen, um den Markt neu zu erobern. Vom Antiblockiersystem für Motorräder bis zu einer Spezialdüse für Scheibenwischer, die den Wasserverbrauch um etwa die Hälfte reduziert, bedient Continental ein weites Feld von Kundenwünschen, sogar Reifendruckkontrollsysteme, die vor glatten Straßen warnen, werden hier entwickelt. Technische Geniestreiche, die der Verbraucher irgendwann als ganz selbstverständlich ansieht. □

AWI, BREMERHAVEN

In eisiger Mission

Wer die Erde retten will, muss sie erst verstehen. Und dafür unermüdlich forschen

Eispalast für die Forschung: Die neue Antarktis-Station Neumayer III steht auf hydraulischen Stelzen, um nicht vom Schnee begraben zu werden. Von hier aus starten Wetterballons und viele wissenschaftliche Projekte

Man könnte den Mann für einen Spinner halten. Mit einer eisenhaltigen Kraftbrühe düngt er die Ozeane – und will so verhindern, dass die Erde zum überhitzten Planeten wird. Der Mann heißt Victor Smetacek und ist Professor am Alfred-Wegener-Institut (AWI) in Bremerhaven.

Und so läuft sein Experiment auf hoher See ab: Unter dem Einfluss von Eisen vermehren sich Grünalgen zu einer myriadenstarken, aber fürs Auge unsichtbaren Horde. Um dabei wachsen zu können, brauchen die Einzeller außer Sonnenstrahlen vor allem den Kohlenstoff des im Wasser reichlich gelösten Kohlendioxids. Wenn ihr kurzes Leben dann vorbei ist, sinken sie zu Boden, und in ihren Kadavern am Meeresgrund bleibt der Kohlenstoff wie in einem Depot gespeichert. Nachschub für das Kohlendioxid, das die Algen verbrauchten, kommt aus der Luft – und dort verringert sich die Konzentration des klimaschädlichen Gases mit dem chemischen Kürzel CO_2.

Die Idee klingt verrückt – und doch könnte man mit ihr vielleicht der Erderwärmung entgegenwirken. Anfang 2009 kreuzt das AWI-Forschungsschiff „Polarstern“ im südlichen Atlantik. LOHAFEX nennt das deutsch-indische Team unter Leitung von Victor Smetacek und Wajih Naqvi seine Kampagne. „Loha“ ist das Hindi-Wort für Eisen, „Fex“ steht für „Fertilization Experiment“. Die Forscher sichten einen Wasserwirbel im Meer, in den sie sechs Tonnen Eisensulfat einrühren, um zu beobachten, wie die Grünalgen reagieren.

Geowissenschaften, Biowissenschaften, Klimawissenschaften: Am AWI werden seit fast 30 Jahren Ozeane, Eisregionen und die Atmosphäre erforscht. 780 Mitarbeiter sind am Institut in Bremerhaven beschäftigt, an dessen Spitze die Professorin Karin Lochte steht. Benannt ist es nach dem Polarforscher Alfred Wegener, der 1930 bei einer Grönland-Expedition ums Leben kam. Von ihm stammt die anfangs angefeindete Theorie, dass die Kontinente wie gigantische Schollen über den Globus driften, aufeinanderstoßen oder untereinander wegtauchen. Längst ist Wegeners Erkenntnis Herzstück der Geophysik.

Die Zentrale des Instituts ist das vom Architekten Oswald Mathias Ungers erbaute „steinerne Schiff“, dessen mächtiger Klinker-Bug in die Columbusstraße ragt. Etwa 500 Meter Luftlinie entfernt hat Otto Steidle einen fulminanten Ergänzungsbau geschaffen. Außentreppen führen wie vom Kai hinauf zu einem Schiff. Drei Türme ragen heraus und bieten einen beeindruckenden Blick auf Wesermündung und Nordsee. Das jüngste Wunderwerk des AWI aber steht fast 14000 Kilometer von Bremerhaven entfernt in der Antarktis: die For-

FÜR FORSCHER C 3

Das Alfred-Wegener-Institut für Polar- und Meeresforschung bietet experimentellen Unterricht für Schüler an. Sie können etwa im Labor Seaside in Bremerhaven arbeiten oder an Projektwochen in der Biologischen Anstalt Helgoland (BAH) teilnehmen. Informtionen zu den zahlreichen Angeboten unter Tel. (04 71) 483 10, www.awi.de

schungsstation Neumayer III. Wie ein in weißer Wüste gelandetes Ufo erhebt sich dieser Vorposten für die internationale Polarforschung auf dem 200 Meter dicken Ekström-Schelfeis im Königin-Maud-Land. 40 Millionen Euro hat die 68 Meter lange und fast 30 Meter hohe Forschungsfestung gekostet. Ihre Besonderheit: Sie steht auf 16 Stelzen. Damit diese nicht nach jedem Sturm tiefer im Schnee stecken, lassen sie sich hydraulisch einzeln anheben. Der Hohlraum unter ihnen wird dann mit Schnee unterfüttert, so dass die 2300 Tonnen schwere Station wieder auf der Schneeoberfläche festen Stand hat und nicht wie viele andere Antarktisbehausungen langsam einschneit.

Neun Wissenschaftler werden im antarktischen Winter in Neumayer III leben und forschen, im Sommer sind es maximal 40. Sie setzen die Messungen fort, mit denen auf den Vorgängerstationen begonnen wurde, erfassen die Konzentrationen von Ozon, Kohlendioxid, Methan und Wasserdampf, die allesamt Auswirkungen auf das globale Klima haben. Im geophysikalischen Observatorium werden Veränderungen des Magnetfelds der Erde registriert sowie Erdbeben, die den Globus erschüttern. Eine hochsensible Anlage wacht außerdem darüber, ob das Verbot von Nuklearversuchen weltweit eingehalten wird. Sehr empfindliche Unterwassermikrofone zeichnen die natürlichen Geräusche des antarktischen Ozeans auf – und lauschen, ob Wale oder Robben auffällige Töne von sich geben. In der Garage der Station parken Motorschlitten, Pistenbullys und schwere Kettenfahrzeuge für Exkursionen der Forscher ins einsame Eis. Kaum war Neumayer III im Februar 2009 bezogen, erschien der erste Gast: Ein Kaiserpinguin aus einer ein paar Kilometer entfernten Kolonie schaute sich um und verschwand bei leichtem Schneetreiben wieder in der frostigen Weite. Pinguine werden die Experten des AWI öfter treffen, wenn sie weiter versuchen, die Erde besser zu verstehen, Phänomene zu nutzen und zu beeinflussen. Schwierige, aber wichtige Schritte, um von Bremerhaven aus ein wenig die Welt zu verbessern. □

Auf dem Forschungsschiff „Maria S. Merian“ steht den Experten des Alfred-Wegener-Instituts modernstes wissenschaftliches Equipment zur Verfügung – etwa für die Untersuchung von Korallenriffen im Nordmeer

TIPPS IM NORDEN

Flugzeugwerften, Bergwerke, dicke Pötte: 33 Adressen für Technik-Fans

Hanseatische Touristenmagnete: das Miniatur-Wunderland in der Hamburger Speicherstadt

BREMEN

Henrich Fockes Windkanal

Bremen (C/D 4) Den bis heute voll funktionsfähigen Windkanal baute der Luftfahrtpionier Henrich Focke (1890–1979) im Alter von über 70 Jahren in seinem privaten Labor. Focke war Mitbegründer der Firma Focke-Wulf und Konstrukteur des ersten voll steuerbaren Hubschraubers (FW 61). 2005 wurde das Museum eröffnet, das Besuchern die ungewöhnliche Technik und Fockes Arbeit demonstriert.
Tel. (04 21) 234 83 21
www.focke-windkanal.de

Universum

Bremen (C/D 4) Rund 250 interaktive Exponate zu den Themen Mensch, Erde und Kosmos stehen im „Science Center", einem der drei Wissenschafts-Areale des Universums. Zum Komplex gehören außerdem der „Entdecker-Park" mit vielen Stationen zum Thema Bewegung sowie die „Schau-Box": Dort werden jährlich wechselnde Sonderausstellungen veranstaltet, die sich Themen wie der Schokoladenherstellung oder der „Kreativität der Natur" widmen.
Tel. (04 21) 334 60
www.universum-bremen.de

Deutsches Schiffahrtsmuseum

Bremerhaven (C 3) Vom alten Frachtensegler zum modernen Containerfrachter: Das nationale Schifffahrtsmuseum verbindet Ausstellungen und Forschung und gehört zur Leibniz-Gemeinschaft. Das Haus wird regelmäßig nicht nur um neue Exponate, sondern auch um Anbauten erweitert, so dass die Seefahrtsgeschichte umfangreich dokumentiert ist. Glanzstück ist die Hansekogge aus dem Jahr 1380, die 1962 am Bremer Weserufer entdeckt und geborgen wurde.
Tel. (0471) 482070
www.dsm.museum

HAMBURG (D/E 3)

Airbus Deutschland

Einen Einblick in die Arbeit und Werkstruktur des größten europäischen Flugzeugherstellers erhält man während einer zweieinhalbstündigen Führung. Dabei gehen die Besucher unter anderem durch die großen Hallen der Struktur- und Endmontage, lernen viel über moderne Flugzeuge – und sehen mit Glück den neuen Riesen A380.
www.airbus-werksfuehrung.de
Weitere Informationen beim Organisator Globetrotter Tours: Tel. (041 01) 545 00

Deutsches Elektronen-Synchrotron (DESY)

Das Forschungszentrum DESY ist eines der weltweit führenden Beschleunigerzentren zur Erforschung der Struktur der Materie. Hier werden große Beschleunigeranlagen entwickelt und gebaut, um Teilchen auf Höchstgeschwindigkeiten zu bringen. Wissenschaftler aus aller Welt forschen an diesen Teilchenrennbahnen. Physiker, Chemiker, Geologen, Biologen, Mediziner und Materialforscher nutzen das besondere Licht aus dem Beschleuniger, um Strukturen und Prozesse im Mikrokosmos sichtbar zu machen. Teilchenphysiker erforschen die fundamentalen Bausteine und Kräfte im Universum. Das DESY im Stadtteil Bahrenfeld kann besichtigt werden, Besucher erwartet das größte Forschungszentrum der Hansestadt mit Beschleunigeranlagen und Lichtquellen der Superlative.
Tel. (040) 89 98 36 13
www.desy.de

Maritimes Museum

Eine umfangreiche Sammlung von mehr als 30 000 Schiffsmodellen, vielen Konstruktionsplänen, 5000 Gemälden und Aquarellen, unzähligen Fotos sowie Uniformen und Waffen. Für manche am faszinierendsten: das Museumsgebäude, der 130 Jahre alte Kaispeicher B in der modernen Hamburger Hafencity.
Tel. (040) 30 09 23 00
www.internationales-maritimes-museum.de

Miniatur-Wunderland

Mitten in der historischen Speicherstadt befindet sich die größte Modelleisenbahnanlage der Welt. Ihre digital gesteuerten Züge im Maßstab 1:87 verkehren auf schier endlosen Gleisen und auf (derzeit) 1150 m^2 Fläche. Das Ensemble wird ständig um neue Züge, Strecken, Landschaften und Brücken erweitert. Für Freunde von Modelleisenbahnen das Nirwana – und ein Touristenmagnet in Hamburg!
Tel. (040) 300 68 00
www.miniatur-wunderland.de

Museum der Arbeit

Hier können Besucher nachvollziehen, wie sich Leben und Arbeit in den vergangenen 150 Jahren verändert haben. Auch die gesellschaftlichen Folgen der Industrialisierung werden dokumentiert. Das Museum ist einer der „Leuchttürme" der Europäischen Route der Industriekultur.
Tel. (040) 428 13 30
www.museum-der-arbeit.de

Blitze in der Glaskugel: Auf spielerische Art und Weise werden die Wunder der Welt dargestellt. Sehr zum Vergnügen der Universum-Besucher in Bremen

SCHLESWIG-HOLSTEIN

Phänomenta

Flensburg (D 1) Bitte anfassen! An den mehr als 150 Experimentierstationen können die Besucher aufschlussreiche Erkenntnisse in den Bereichen Technik und Naturwissenschaften gewinnen. So erfahren sie etwa hautnah, dass der eigene Körper auch Stromleiter sein kann. Das „Science Center" ist in einem Kaufmannshof des 19. Jhs. eingerichtet.
Tel. (04 61) 14 44 90
www.phaenomenta-flensburg.de

Schiffahrtsmuseum

Husum (D 1) Das direkt am Husumer Binnenhafen gelegene Gebäude gegenüber dem modernen Rathaus wurde erst vor kurzem eingerichtet. Themen des Museums sind der Schiffbau (auch die heute noch in Husum arbeitenden Fischerei- und Werftbetriebe), der Fisch- und Walfang sowie die Wirtschafts- und Sozialgeschichte der nordfriesischen Seefahrer und ihrer Familien. Zu sehen sind zum Beispiel das Heckschiff einer Eiderschnigge im Bau und Modelle von Walfangschiffen.
Tel. (048 41) 52 57
www.schiffahrtsmuseum-nf.de

Historisches Sägewerk

Kappeln (E 1) Das historische Sägewerk, heute betrieben von den Kappelner Werkstätten, wurde 1900 in Betrieb genommen und stand bis in die 80er Jahre unter der Führung des örtlichen Müllers. Denn angetrieben wurden die Maschinen durch die benachbarte Windmühle Amanda. Das Museum lebt: Die alten Maschinen sind nicht nur voll funktionstüchtig, sondern werden auch tüchtig benutzt. Auf Anfrage können Sie in dem historischen Sägewerk Holz auf Maß sägen lassen.
Tel. (046 42) 92 01 02
www.kappeln.de/workingmuseum.html

Zwischen den Riesen der Ozeane

Im Hamburger Hafen trifft nautische Tradition auf modernste Technik

Nebelhörner tuten. Kräne drehen sich. Aus Westen schieben sich mächtige Ozeanriesen elbaufwärts und werden an die Kaianlagen gelotst. Schuten und kleine Barkassen dampfen umher, legen an und ab, im Hintergrund das nimmermüde, metallische Dröhnen eines der geschäftigsten Häfen der Welt. Kaum anderswo tut sich eine so faszinierende Welt der Technik auf wie am Hamburger Hafen, wo modernste Technik und nautische Traditionen nebeneinander zu bewundern sind. Monströse Containerfrachter liegen in den Werften, Besucher können ein sowjetisches U-Boot besichtigen, Hafenrundfahrten unternehmen oder einfach nur an den Landungsbrücken stehen und den Blick auf die Elbe genießen. Mehr als 160 000 Menschen arbeiten in der Hamburger Hafenwirtschaft, ob als Polizeitaucher, Kranführer, Lotsen oder Kapitäne. Auf verschiedenen Hafenrundfahrten (Abfahrt St. Pauli Landungsbrücken) können Interessierte viel über technische Details und die Arbeit im Hafen lernen, vom Funktionieren eines Trockendocks bis zu den Einsätzen der Baggerschiffe, die die Fahrrinnen freischaufeln.

Infos zum Hafen und zu unterschiedlichen Angeboten
Hamburg Tourismus
Tel. (040) 30 05 13 00
www.hamburg-tourism.de

Besonders imposant sind die modernen Containerterminals, die die wichtigsten Umschlagspunkte des Welthandels sind. Fracht aus allen Ländern der Erde wird hier ent- und verladen. Für das breite Publikum ist der direkte Zugang zu diesen Containerumschlagplätzen aus Sicherheitsgründen in der Regel nicht möglich. Um trotzdem einen Einblick zu gewähren, kooperiert die Hamburger Hafen und Logistik AG (HHLA) mit dem Busunternehmen Jasper, das Rundfahrten über die Terminals anbietet. Auf der Tour „Auge in Auge mit den Giganten" fahren die Gäste direkt auf die HHLA-Container-Terminals Altenwerder und Burchardkai. Dort können sie unter fachkundiger Führung modernen Hafenumschlag hautnah erleben.
Tel. (040) 22 71 06 10
www.jasper.de

Faszination Schiffbau: Die Meyer Werft zeigt, wie moderne Luxusliner entstehen, hier die AIDAluna

Computerschausammlung der Fachhochschule Kiel
Kiel (E 2) Die FH hat eine weltweit einzigartige Sammlung rund um Entstehung und Entwicklung der Computer aufgebaut. Dazu gehören Kostbarkeiten wie die programmgesteuerten Rechenmaschinen des Computerpioniers Konrad Zuse. Ab 2011 wird die Sammlung in neuen Räumen endlich angemessen präsentiert, bis dahin sind die Prunkstücke der EDV-Archäologie nur Gruppen nach Anmeldung zugänglich. Näheres auf dem Campus beim „Mediendom", dessen kurzweilige Veranstaltungen zu naturwissenschaftlichen Themen ebenfalls zu empfehlen sind.
Tel. (04 31) 210 17 41
www.fh-kiel.de
(unter „Campus & Kultur")

Kieler Schifffahrtsmuseum
Kiel (E 2) In einer ehemaligen Fischhalle am Kieler Hafen wird die maritime Geschichte der Marine-, Industrie- und Arbeiterstadt Kiel dargestellt. In der ständigen Sammlung gibt es viel zu entdecken: Schiffsmodelle aller Epochen, nautische Instrumente, Kapitänsbilder und Galionsfiguren, Erfindungen wie das erste deutsche U-Boot im Modell und ein Echolot im Original. An der benachbarten Museumsbrücke sind drei Oldtimerschiffe zu besichtigen.
Tel. (04 31) 901 34 28
www.kiel.de/kultur/museen

Elbschiffahrtsmuseum
Lauenburg (E 3) Seit 1927 zeigt das Elbschiffahrtsmuseum die Geschichte des Schiffsverkehrs zwischen Hamburg und Böhmen. Mit Modellen im einheitlichen Maßstab 1:50 und vielen Originalen wird die Entwicklung vom Einbaum bis zur modernen Schubeinheit gezeigt. Im Archiv lagern 25 000 technische Zeichnungen zur Binnenschiffahrt.
Tel. (041 53) 59 99 35
www.raddampfer-kaiser-wilhelm.de

Museumsschiff-Raddampfer Kaiser Wilhelm
Lauenburg (E 3) 350 Passagiere finden Platz auf der „Kaiser Wilhelm". Mit beinahe 110 Jahren ist sie der älteste noch in Fahrt befindliche Raddampfer Deutschlands. Das altgediente Binnenschiff ist 57 Meter lang, 4,50 Meter breit und hat voll beladen einen Tiefgang von nur 95 Zentimetern. Es legt von Juni bis September an vielen Wochenenden in Lauenburg ab und fährt elbaufwärts nach Bleckede mit einer Geschwindigkeit von sechs Knoten, gut elf Stundenkilometern. Auf der Rückfahrt stromabwärts kann es der blitzblanke Dampfkessel mit seinen 168 PS dann sogar auf zehn Knoten bringen, fast 19 km/h.
Tel. (041 53) 512 51
oder (041 02) 617 35
www.raddampfer-kaiser-wilhelm.de

Schleswig-Holsteinisches Landwirtschaftsmuseum
Meldorf (D 2) Das Landwirtschaftsmuseum zeigt Dampfmaschinen, Trecker und einstige technische Neuerungen wie den Mähdrescher. Und im Dithmarscher Bauernhaus kann man erleben, wie eine Bauernfamilie um 1850 lebte.
Tel. (048 32) 97 93 90
www.landwirtschaftsmuseum-schleswig-holstein.de

Elektromuseum E.ON Hanse
Rendsburg (D 2) Das Museum des Stromversorgers lädt zu einer Zeitreise durch die Geschichte der Elektrifizierung ein. Das Rendsburger Haus zeigt neben den technischen Veränderungen, den naturwissenschaftlich-technischen Prozessen und Ergebnissen auch die sozialen Auswirkungen. So dokumentieren Haushaltsräume wie Wohn-, Musik- und Kinderzimmer, eine Waschküche und ein Herrenzimmer, die mit zahlreichen liebevoll restaurierten Exponaten aus der Zeit des Jugendstils bestückt sind, den technischen Stand der Zeit. Zu den Kuriositäten der sehenswerten Sammlung gehören das vom späteren Bundeskanzler Adenauer erfundene von innen beleuchtete Stopfei oder das eine ganze Kapelle ersetzende Orchestrion aus dem Jahre 1908. – Nur dienstags geöffnet, sonst nach Vereinbarung.
Tel. (043 31) 368 91 und 18 24 64, www.museen-sh.de

NIEDERSACHSEN

Physikalisch-Technische Bundesanstalt (PTB)
Braunschweig (E 5) Ob Maße, Größen oder Gewichte: auf alle Messergebnisse, die unseren Alltag bestimmen, können wir uns verlassen – dank der PTB. Fachbereiche können während Führungen besucht werden.
Tel. (0531) 5923006
www.ptb.de

Hubschraubermuseum
Bückeburg (D 5) Das einzigartige Museum zeigt auf 2000 m² mehr als 40 Originale. Dazu gehören ein- und mehrrotorige Hub-, Trag- und Flugschrauber, aber auch Einzelteile wie Getriebe und Triebwerke.
Tel. (057 22) 55 33
www.hubschraubermuseum.de

Oberharzer Bergwerkmuseum
Clausthal-Zellerfeld (E 6) Das Museum zeigt die Entwicklung des Erzbergbaus vom Mittelalter bis zum Ende des 19. Jhs. Der Besucher bekommt dabei einen Einblick in die Mittel und Techniken des Bergbaus, vom Kratzwerkzeug bis zum modernen Grubenbohrer.
Tel. (053 23) 989 50
www.oberharzerbergwerksmuseum.de

Nordwolle
Delmenhorst (C 4) Das Nordwestdeutsche Museum für Industriekultur präsentiert ent-

lang der Entwicklung der Stadt Delmenhorst beispielhaft den Industrialisierungsprozess seit dem 19. Jh. Auf 3000 m² wird die Geschichte der 1884 gegründeten Norddeutschen Wollkämmerei und Kammgarnspinnerei dargestellt. Mit ihr wurde Delmenhorst, einst eine mittelalterliche Burg, zur bedeutendsten Industriestadt des Großherzogtums Oldenburg im 20. Jh.
Tel. (042 21) 298 58 20
www.delmenhorst.de/nordwolle

Weltkarte Ebstorf

Ebstorf (E 4) Das Kloster Ebstorf beherbergt eine Kopie der 1943 bei einem Bombenangriff zerstörten Ebstorfer Weltkarte. Diese berühmte, um 1240 entstandene und 1830 wiederentdeckte Karte zeigt die Welt als Scheibe, so wie man sie sich im Mittelalter vorstellte – mit Jerusalem als Zentrum. Grundlagen für die Zeichner der Karte waren Mythen und Reiseberichte.
Tel. (058 22) 23 04
www.ebstorf.de

Nordseewerke

Emden (B 3) Seit 1903 werden hier Schiffe gebaut – von den ersten Segelloggern (1905) über die ehemals schnellsten Containerschiffe der Welt (1973), vom weltgrößten Saugbagger (2001) bis zum hochmodernen Forschungsschiff. In seiner mehr als hundertjährigen Geschichte hat sich das Unternehmen, das heute zu ThyssenKrupp gehört, zu einer spezialisierten Großwerft entwickelt. Geboten wird Gruppen nach Anmeldung ein Werftrundgang mit ausführlichen Informationen.
Tel. (049 21) 85 23 45
www.nordseewerke.de

Internationales Wind- und Wassermühlen-Museum

Gifhorn (E 5) Europaweit einmalig ist das Mühlenmuseum in Gifhorn. Auf dem großen Freigelände stehen 15 originale oder originalgetreu nachgebaute Mühlen aus zwölf verschiedenen Ländern. Zudem sind historische Gegenstände des Mühlen- und Müllerwesens ausgestellt.
Tel. (053 71) 554 66
www.muehlenmuseum.de

XLAB Experimentallabor

Göttingen (D/E 6) Das größte deutsche Schülerlabor auf dem Campus der Universität bietet Schülern, Studenten und Lehrern die Möglichkeit in allen naturwissenschaftlichen Bereichen mit modernsten Methoden zu arbeiten. Kurse können auch auf Englisch abgehalten werden.
Tel. (05 51) 391 28 72
www.xlab-goettingen.de

Rammelsberg Museum & Besucherbergwerk

Goslar (E 5) 27 Millionen Tonnen Erz wurden im Bergwerk Rammelsberg gefördert. Über 1000 Jahre war es in Betrieb, als die Förderung 1988 eingestellt wurde. Heute ist das stillgelegte Bergwerk ein einzigartiges Museum, das mit der Goslarer Altstadt zum Weltkulturerbe gehört. Zu sehen sind etwa der Roeder-Stollen, der Rathstiefste-Stollen aus dem Mittelalter und die Tagesförderstrecke, die mit der Grubenbahn zu besichtigen ist.
Tel. (053 21) 75 00
www.rammelsberg.de

Luftfahrtmuseum

Laatzen (D 5) Die Ausstellung dokumentiert den Aufstieg des ersten Heißluftballons und die Entwicklung der zivilen und militärischen Luftfahrt. Neben zahlreichen faszinierenden Maschinen sind auch Instrumente wie Höhenmesser und Funkgeräte sowie Pilotenuniformen zu sehen.
Tel. (05 11) 879 17 91
www.luftfahrtmuseum-hannover.de

Deutsches Salzmuseum

Lüneburg (E 3) Die Lüneburger Saline wurde 1980 stillgelegt und danach zum Deutschen Salzmuseum und Industriedenkmal umgestaltet. Besuchern wird hier Wissenswertes, Kurioses und Spannendes rund um das Thema Salz anschaulich vermittelt.
Tel. (04131) 45065
www.salzmuseum.de

Museum Industriekultur

Osnabrück (C 5) Im schönen Haseschachtgebäude werden Dauerausstellungen zum Steinkohlebergbau und zur Industrialisierung gezeigt. Zu sehen sind unter anderem zwei Dampfmaschinen von 1849 und 1916, deren Energie zum Betrieb einer historischen Metallwerkstatt genutzt wird. Ein Fahrstuhl führt zu einem 280 Meter langen Stollen in 30 Meter Tiefe.
Tel. (05 41) 12 24 47
www.industriekultur-museumos.de

Meyer Werft

Papenburg (B 4) Einen Einblick in den modernen Schiffbau gewähren Filme, Modelle und die Musterkabine eines Ozeanriesen. Höhepunkt der Führung über diese supermoderne Werft sind die Hallen, in denen Luxusliner und riesige Schiffe entstehen.
Tel. (049 61) 839 60
www.meyerwerft.de

Niedersächsisches Museum für Kali- und Salzbergbau

Ronnenberg-Empelde (D 5) Das Museum informiert über die Entstehung der Kalilager und erklärt die Gewinnung und Verarbeitung der Salze über und unter Tage. In einem nachgebauten Streckenvortrieb kann man einen Förderwagen schieben oder Salz klopfen.
Tel. (05 11) 434 07 44
www.nds-kalisalzmuseum.de

Autostadt Wolfsburg

Wolfsburg (E 5) „Menschen, Autos und was sie bewegt", lautet das Motto der Autostadt in Wolfsburg. Sie ist das weltweit größte Fahrzeugauslieferungszentrum und bietet dazu spannende Erlebnisse. Wahrzeichen sind zwei gläserne Autotürme. 7 Pavillons präsentieren die Marken des Volkswagen-Konzerns, im Zeit-Haus glänzen Automobil-Klassiker, in der Konzern-Welt wartet das Car-Design-Studio. Kinder kommen bei Technik-Workshops und in der Fahrschule, Erwachsene auf dem Gelände-Parcours auf ihre Kosten.
Tel. 08 00 288 67 82 38
(Hotline) www.autostadt.de

Phaeno

Wolfsburg (E 5) „Da staunst du", lautet das Motto des Hauses. An über 300 Exponaten können Jung und Alt die Welt der Technik erleben, verstehen und testen. Wie formt sich ein Wolkenring aus Nebel? Wie fühlt sich die Dauer von 600 Billionen Jahren an? Dazu gibt es Sonderschauen und Labors, alles in moderner Architektur.
Tel. (01 80) 106 06 00
www.phaeno.de

Die Fänger des Windes

Gigantische Rotorblätter werden im Ozean verankert, Taucher gehen auf Tiefe, damit Offshore-Parks dem Wind Energie abgewinnen. Für Riesen wie Eon ein Geschäft zwischen Risiko und Zukunft

TEXT: ANDREAS MOLITOR, FOTOS: THOMAS ERNSTING

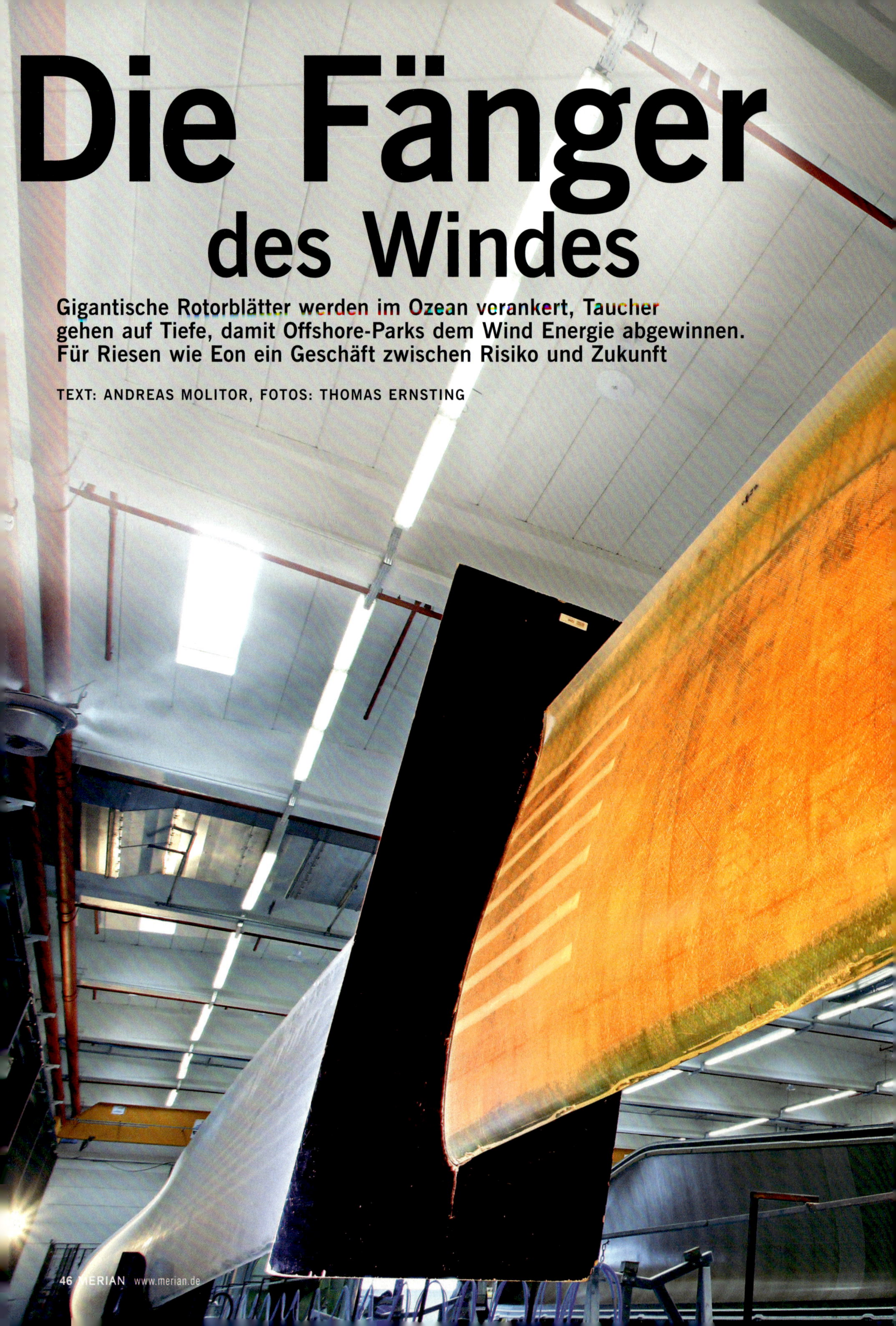

Stark ohne Nähte:
Bei Siemens Wind Power im dänischen Endesvang werden Rotorblätter in einem Guss produziert. Ohne Klebestellen sind sie besonders stabil

In den Werken von Siemens Wind Power im dänischen Brande warten Gehäuse von Windenergieanlagen auf ihren Einsatz auf den Meeren Europas und Amerikas

Materialschlacht
für das Rennen um Energie

Der ist ja ganz staubig", entschuldigt sich Henrik Stiesdal und hebt den kleinen roten Holzpropeller vom Boden seines Büros auf. „Das ist der Rotor der ersten Windkraftanlage, die ich 1976 gebaut habe", erzählt er, während er mit dem Ärmel seines Jacketts den Staub abwischt. „Ich hatte damals gerade Abitur gemacht und mir mit meinem Vater einige Windräder im Norden Dänemarks angesehen. Da sagte ich mir: Das schaffe ich auch." Die Bauteile besorgte er sich vom Schrottplatz, „für 50 Cent das Kilo". Als seine erste Windturbine fertig war, stellte er sie vor dem väterlichen Bauernhof auf. Dort verrichtete sie fortan ihren Dienst.

Nur unweit vom alten roten Rotor entfernt wird Henrik Stiesdals jüngstes Geschöpf gerade einem Praxistest unterzogen. Auf stolze 49 Meter Länge bringt es dieser gigantische Windmühlenflügel, konstruiert für den Einsatz in Super-Windparks, die so viel Strom erzeugen wie ein Kohle- oder Atomkraftwerk. „Im Offshore-Einsatz schneiden die Spitzen der Rotorblätter mit bis zu 320 Stundenkilometern durch die Luft", erklärt Stiesdal. Doch seine Leute setzen die Propeller Belastungen aus, die nicht mal auf wütendem Meer herrschen. Und sie simulieren vier Millionen Umdrehungen.

Da Reparaturen auf hoher See, bei Sturm und fünf, sechs Meter hohen Wellen, vom Schiff oder Helikopter aus schwierig, gefährlich und teuer sind, müssen die Anlagen praktisch wartungsfrei arbeiten. Ein Auto, nach vergleichbaren Kriterien konstruiert, würde erst nach 500 000 Kilometern zum ersten Ölwechsel in die Werkstatt fahren müssen. Bis dahin bliebe die Motorhaube geschlossen. In der europäischen Windkraftszene zählt Henrik Stiesdal zu den Männern der ersten Stunde. Im Laufe von mehr als drei Jahrzehnten hat der heute 51-Jährige der Branche 85 Patente beschert. Sein Weg führte ihn vom Bastelschuppen auf dem Bauernhof auf den Posten des Chefingenieurs von Siemens Wind Power, der im dänischen Brande beheimateten Windenergie-Sparte des Technologiekonzerns. In Brande baut Siemens im Schnitt wöchentlich 25 Anlagen der 2,3- und 3,6-Megawattklasse – die bewährten Arbeitspferde der Windkraftindustrie.

Auf dem Weg von Stiesdals Büro zum Rotoren-Teststand lagern Bauteile für die bis zu 100 Meter hohen Anlagen unter freiem Himmel. „Die sind fast alle für den Offshore-Einsatz bestimmt", sagt der Chefingenieur, „die meisten werden vor der britischen Küste aufgestellt." Beim Bau von Turbinen für den Betrieb auf See ist Siemens Wind Power weltweit die Nummer 1. Und die Claims für die nächsten Jahre sind schon abgesteckt.

Erst im September vorigen Jahres schloss Siemens mit dem deutschen Energiekonzern Eon einen fast 1,4 Milliarden Euro schweren Kontrakt über die Lieferung von 500 Windrädern in den Jahren 2010 und 2011. In dem Abkommen sehen beide Unternehmen den Beginn einer strategischen Partnerschaft. „Wir freuen uns, dass Siemens unsere Vision teilt", erklärte Frank Mastiaux, Vorstandschef von Eon Climate & Renewables. „Dies ist ein weiterer Schritt für die Windenergie auf dem Weg vom Boutique- zum Industriemaßstab, den wir konsequent verfolgen."

Noch vor einigen Jahren hätte man bei Deutschlands großen Energieversorgern auf die Frage nach einer Vision für die Windkraft kaum mehr als ein mitleidiges Lächeln zur Antwort erhalten. Die Konzerne galten lange Zeit als die natürlichen Feinde des Ökostroms. Die angeblich unwirtschaftliche Stromerzeugung aus Sonne, Wind und Biomasse überließen sie kleinen Projekten und umweltbewegten Oberstudienräten. Mit einer Ausnahme: In den 1980er Jahren bauten die Stromriesen die erste große Windenergieanlage auf deutschem Boden. Aber „Growian" war so oft defekt, dass sie nach 420 Betriebsstunden abgerissen wurde. RWE und Co. konnten den Verdacht nie ausräumen, dass Growian vor allem beweisen sollte, dass Windenergie in großem Maßstab etwas für Phantasten ist.

Spezialisten montieren Triebwerksstränge von 3,6-Megawatt-Anlagen. Diese Windturbinen werden vor allem in großen Offshore-Windparks eingesetzt

All dies ist Geschichte. Abkommen wie das zwischen Siemens und Eon signalisieren einen Paradigmenwechsel in der Einstellung der großen Energieversorger zu den erneuerbaren Energien. Mittlerweile treiben sie das Ökostromgeschäft mit Milliardensummen voran. Eon hat dabei die Rolle des Schrittmachers übernommen. Bis Ende 2011 wird der Konzern acht Milliarden Euro in Projekte zur Stromerzeugung aus regenerativen Energien stecken. Mehr als 80 Prozent fließen in den Bau von Windparks.

Mit seiner für erneuerbare Energien gegründeten Konzernsparte Climate & Renewables ist Eon bereits jetzt unter die Top 10 der führenden weltwei-

Ein wichtiger Dreh für Watt & Volt

ten Windkraftbetreiber vorgedrungen. Selbst Umweltaktivisten müssen eingestehen, dass die ehrgeizigen Ziele der Bundesregierung zum Ausbau der erneuerbaren Energien unrealistisch sind, wenn die großen Stromkonzerne nicht vorneweg marschieren. Vor allem die Milliarden-Investitionen für Windparks auf hoher See sind von mittelständischen Firmen nicht zu stemmen. Einzig die Energiekonzerne sitzen dank der hohen Strompreise der vergangenen Jahre auf einem derart satten Gewinnpolster, dass sie Offshore-Windparks problemlos aus eigenen Mitteln finanzieren können. Und die Windenergie hat sich zu einem profitablen Geschäft entwickelt. „Unser Engagement ist Resultat wirtschaftlicher Vernunft", sagt Sven Utermöhlen, Regional Director Central Europe bei Eon Climate & Renewables. „Sämtliche Projekte, die wir realisieren, erfüllen unsere Anforderungen einer Rendite, die mindestens ein Prozent über den Kapitalkosten liegt." Dass Eon eine ansehnliche Liste von Projekten im Portfolio hat, liegt nicht zuletzt auch an der staatlichen Förderung des Ökostroms.

Bislang betreibt Eon seine Hochsee-Windparks in der Nord- und Ostsee, vor den Küsten Großbritanniens und Dänemarks. Auch die nächsten Anlagen im Eon-Auftrag werden dort aufgestellt. Im nächsten Jahr errichtet Siemens Wind Power für den deutschen Konzern südlich der dänischen Insel Lolland den Offshore-Park Rødsand II mit 90 Turbinen. Auch am geplanten Windpark London Array, 20 Kilometer vor der Küste der Grafschaft Kent, ist der deutsche Stromkonzern zu 30 Prozent beteiligt. Investitionskosten: drei Milliarden Euro – das bis dato größte und teuerste Windenergievorhaben der Welt. Managern in anderen Konzernsparten jedoch geht der Ausbau der erneuerbaren Energien etwas zu schnell. So erklärten Eon und der französische Stromkonzern Electricité de France der britischen Regierung kürzlich, sie würden ihre Pläne zum Neubau von Atomkraftwerken aufgeben, wenn das Land den Ausbau der erneuerbaren Energien weiter forciere – einen Ausbau, an dem Eon mit der

Balanceakt
weit draußen im Meer

Konzerntochter Climate & Renewables selbst in hohem Maße beteiligt ist.

Auch vor den deutschen Hochseeküsten sind bereits mehr als zwei Dutzend Offshore-Parks genehmigt, darunter zwei Eon-Projekte. Mit dem Bau der Windparks Amrumbank West nördlich Helgoland sowie dem Arkona-Becken Südost vor Rügen könnte der Konzern sofort beginnen. Aber derzeit ist nicht sicher, ob auch nur eines der Projekte je verwirklicht wird. Das bislang einzige Zeichen des Offshore-Zeitalters in Deutschland ist der Test-Windpark Alpha Ventus 45 Kilometer vor Borkum, dessen 12 Turbinen nach Verzögerungen beim Bau Ende 2009 ans Netz gehen sollen. Auch an Alpha Ventus ist Eon beteiligt, zusammen mit Vattenfall und dem norddeutschen Versorger EWE. „Bevor wir den ganz großen Schritt zu einem kommerziellen Offshore-Projekt in Deutschland wagen, machen wir Alpha Ventus", erklärt Sven Utermöhlen. „Mit diesem Projekt wollen wir testen, in welchen Zeiträumen und unter welchen technischen Rahmenbedingungen Offshore in Deutschland überhaupt möglich ist."

Ein technisches und logistisches Pionierstück ist der erste Windpark weit draußen in der rauen Nordsee. Das beginnt bei den 700 Tonnen schweren Fundamenten der samt Rotoren 148 Meter hohen Windanlagen, die tief im Meeresboden verankert werden müssen – etwa mit 40 Meter langen Pfählen, die von der Hubplattform „Odin" aus mit einer Unterwasser-Ramme in den Grund geschossen und mit Beton vergossen werden. Dann hievt ein schwimmender Schwerlastkran namens „Taklift 4" die drei je 30 Tonnen schweren Turmsegmente, die Gondel und die mehr als 50 Meter langen Rotorblätter zentimetergenau in Position. Taucher müssen am kalten, trüben Meeresgrund schließlich die Stromkabel mit den Anlagen verbinden. Ein komplexes Unterfangen, dessen Ausmaßen und Risiken sich ein Endverbraucher selten bewusst ist, wenn er abends die Nachttischlampe anknipst oder den Fernseher einschaltet.

Anders als in Großbritannien und Dänemark, müssen die Windräder hierzulande weit draußen auf dem Meer errichtet werden – 40 bis 70 Kilometer von der Küste entfernt. Ein politischer Kompromiss zu Gunsten des Wattenmeer-Schutzes. Bau und Betrieb der Windparks unter echten Hochseebedingungen macht die Projekte jedoch technisch und finanziell hoch riskant. Die Kosten liegen um ein Drittel höher als bei küstennahen Anlagen, der Unterhalt kostet das Dreifache.

Zudem zeigt Alpha Ventus, dass der Bau von Anlagen auf offener See zeitlich nur sehr schwer kalkulierbar ist. Bei schlechtem Wetter und hohem Seegang gelingt es möglicherweise nicht, die Windräder während eines Sommer aufzustellen. Wie etwa im vergangenen Jahr. Um die 45 Meter hohen stählernen Fundamente tief auf dem Meeresgrund zu verankern, hätten die Experten vier Tage in Folge mit ruhiger See benötigt. „Das Meer muss dafür spiegelglatt sein, wie der Gardasee", witzelt Eon-Konzernchef Wulf Bernotat.

Da es ein solches „Wetterfenster" ab Mitte August nicht mehr gab, mussten die Bauarbeiten Anfang September abgebrochen und die Fundamente zum Überwintern zurück nach Bremerhaven gebracht werden. Außerdem stand das Equipment für den Bau eines Windparks in 30 Meter tiefem Wasser zu Beginn der Arbeiten an Alpha Ventus im Sommer 2008 nicht komplett zur Verfügung.

„Wir benötigen Spezialschiffe oder Hubinseln, die mit Stelzen auf dem Meeresboden aufsetzen und sich dann hochbocken", sagt Utermöhlen. „Die hatten wir aber nicht. Wir wissen also jetzt schon, bevor Alpha Ventus fertig gestellt ist, dass wir zukünftige Projekte von Anfang an mit besserem Equipment bauen müssen, wenn die Anlagen sich rechnen sollen."

So ist die Offshore-Euphorie einer gewissen Ernüchterung gewichen. Eon-Vorstandschef Bernotat hält die Ziele der Bundesregierung – 10 000 Megawatt Stromkapazität aus Hochsee-Windanlagen bis 2020 – für kaum realisierbar. „Man müsste dafür mehr als 2000 Offshore-Anlagen bauen – unter extrem schwierigen Bedingungen und mit einer Technik, die noch in den Kinderschuhen steckt."

Frühestens 2011 werden verlässliche Daten aus dem Alpha Ventus-Projekt vorliegen. „Und erst dann", so Bernotat, „können wir entscheiden, ob sich Windparks in der deutschen Nord- und Ostsee wirtschaftlich betreiben lassen." Selbst wenn die Antwort negativ ausfällt, wird Eon weitere Offshore-Anlagen aufstellen. Nicht vor deutschen Küsten, sondern weiterhin in englischen und dänischen Gewässern. Denn Pustekuchen ist das Geschäft mit dem Wind schon lange nicht mehr. □

FÜR INTERESSIERTE

Der Wind bringt die Rotorblätter zum Drehen (1), die im Inneren der Turbine die Antriebswelle in Gang setzen (2). Die Nabe ist mit dem Getriebe (3 und 4) verbunden, das die Drehgeschwindigkeit anpasst und über magnetische Felder Energie erzeugt. Über Kabel und Transformatoren (5) gelangt der Strom ins Netz. Weitere Infos zu Windkraft unter www.eon.com

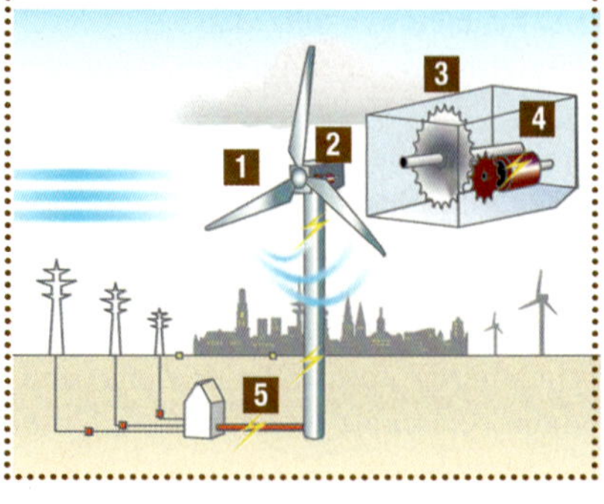

DER WESTEN

Spitzentechnologie zwischen Rhein und Ruhr zeigt sich in jeder Größenordnung. Gigantische Walzwerke werden hier gebaut, hauchdünne Alufolien gepresst, Katalysatoren entwickelt, Armaturen neu erfunden und Teddys getestet. Nicht nur für den TÜV gilt: Die Qualität muss stimmen

Teddy-TÜV. Mit einer Zugkraft von 90 Newton wird geprüft, ob das Auge fest genug am Kopf des Teddybären angebracht ist. Der TÜV Rheinland ist Europas größtes Prüfinstitut für Kinderspielzeug

FÜR BESUCHER

An rund 500 Standorten weltweit arbeiten mehr als 13 500 Menschen in der Prüfung, Überwachung und Zertifizierung von Produkten, Industrieanlagen, Autos und Dienstleistungen. Anspruch und Leitidee des TÜV Rheinland ist die nachhaltige Entwicklung von Sicherheits- und Qualitätsstandards. Einrichtungen des TÜV Rheinland in Köln-Poll oder der TÜV Rheinland LGA in Nürnberg können von Besuchergruppen (ab fünf Personen) nach Voranmeldung besichtigt werden. Kontakt über besuchergruppen@de.tuv.com Tel. (08 00) 878 83 88, www.tuv.com

Der Motor einer Lokomotive auf dem Prüfstand des TÜV. Es gilt herauszufinden, inwieweit die Maschine durch elektromagnetische Strahlung gestört wird

TÜV RHEINLAND, KÖLN

Härtetest für Hightech und Teddys

Wie lange hält das aufgenähte Auge eines Plüschtiers, wieviel Licht verträgt eine Solaranlage? Von der Babyrassel bis zum Kraftwerk – der TÜV Rheinland prüft fast alles

Ob Teddybär, Schreibtischstuhl oder Werkzeugmaschine: Wer ein Produkt kauft, erwartet, dass es auch nach vielen Jahren und intensiver Nutzung noch funktioniert. Und er geht davon aus, dass es sicher ist. Gerade für Kinderspielzeug gilt dies in besonderem Maße – und deswegen betreibt der TÜV Rheinland Europas größten „Teddy-TÜV".

Im Labor der Chemikerin Jutta Kraus in Nürnberg drängeln sich Kuscheltiere aller Art neben Glaskolben und chemischen Geräten. Vielen fehlt ein Ohr: „Um zu wissen, welche Stoffe ein Teddy zum Beispiel enthält, müssen wir eine Probe abtrennen und in eine Lösung geben", sagt Jutta Kraus. Sie ist eine von rund 750 Mitarbeitern, darunter Chemiker, Elektroingenieure und Physiker, die in den zur TÜV Rheinland Group zählenden Prüflaboren arbeitet. In der vorbereiteten Lösung wird ein Teddyohr zwei Stunden bei Körpertemperatur geschüttelt. „So", sagt Jutta Kraus, „simulieren wir das Nuckeln eines Kleinkindes." In einem Nebenraum findet die chemische Analyse in einer Maschine statt, die aussieht wie ein großes Mikrowellengerät: In ihrem Inneren wird das Extrakt verdampft und durch eine Spirale feinster Glasröhrchen mit einem Durchmesser von nur 0,2 Millimetern oder weniger geleitet. „Die Moleküle der Stoffe, die wir trennen wollen. sind verschieden schwer. Wie Blätter, die auf einem Bach dahergleiten, strömen die kleinen schneller und die großen langsamer." Am Ende des Röhrchens sind die Stoffe getrennt und lassen sich bestimmen.

Für die Plüschtiere geht es nach der chemischen Prüfung weiter zu den mechanischen Tests. „Wir prüfen, ob Augen, Knöpfe oder andere angenähte Teile halten", sagt Rainer Weiskirchen, Fachmann für Spielzeugprüfungen. Dazu wird das entsprechende Teil eingespannt und ein Greifer zieht. „Ein aufgenähtes Auge muss einer Zugkraft von 90 Newton, etwa 9,2 Kilo, zehn Sekunden lang standhalten. Dann erfüllt es die Norm." Geprüft wird außerdem Entflammbarkeit, bei batteriebetriebenen Spielsachen die elektrische Sicherheit und die Stabilität. Mit genormten Prüfeinrichtungen, die Kinderfingern nachgebildet sind, werden Spalten und Löcher auf ihre Gefahren getestet. Rainer Weiskirchen zieht aus einer Kiste eine Babyrassel, die den Test nicht bestanden hat: Aus dem aufgebrochenen Gehäuse ragen spitze, lange Metallstangen – eine tödliche Gefahr für Babys.

Weniger spielerisch sind die Prüfobjekte im angrenzenden Gebäudeteil: In einer Halle, die aussieht wie ein Möbelmarkt, werden Schränke, Sofas, Kinderbetten, Bürostühle oder Matratzen mit hydraulischen Apparaten auf ihre Belastbarkeit getestet. Eine Bürostuhllehne etwa wird 120000 Mal mit 445 Newton belastet. „Das muss sie aushalten", so Weiskirchen. Die Vorgaben stehen je nach Prüfnorm fest, die Prüfeinrichtungen dagegen müssen die Ingenieure individuell austüfteln. Einen tauglichen Versuchsaufbau zu gewährleisten, verlangt neben Erfahrung auch eine Menge Kreativität.

Während es in der „Möbelabteilung" schon mal laut wird, ist bei den Lärmtestern ausdrücklich Ruhe zu wahren: In einem rund sechs Meter hohen Raum mit Glasfaser verkleideten Wänden wird gerade der Lärmpegel einer Waschmaschine gemessen. Gegenüber befindet sich der fast sieben Meter hohe „Hallraum". Hier wird zum Beispiel die Qualität von Lärmschutz-Elementen ermittelt, die Wohngebiete vor dem Verkehrslärm schützen sollen.

Vor 130 Jahren kam erstmals jemand auf die Idee, etwas akribisch zu prüfen und anschließend zu zertifizieren – und zwar im Rheinland. Weil die Dampfmaschinen in der Frühphase der Industrialisierung alles andere als sicher waren, gründeten Unternehmer anno 1872 den „Verein zur Überwachung der Dampfkessel in den Kreisen Elberfeld und Barmen". Daraus wurde 1936 nach Zusammenschlüssen mehrerer Vereine zum „Rheinischen Dampfkesselüberwachungsverein" der „Technische Überwachungsverein Köln" – kurz TÜV. Das Unternehmen beschäftigt heute als TÜV Rheinland weltweit 13 500 Mitarbeiter – davon 6 500 in Deutschland und 2 100 am Stammsitz in Köln-Porz. Auch hier befinden sich zahlreiche Prüflaboratorien für Produkte, Umweltanalytik oder Werkstoffe.

„Unsere Kunden und viele Verbraucher legen großen Wert darauf, dass Waren aus Asien oder anderen Herkunftsländern dieselben hohen Sicherheits- und Qualitätsstandards einhalten, die in Deutschland üblich sind. Deswegen arbeiten wir dort, wo diese Waren hergestellt werden", sagt Jörg Meyer zu Altenschildesche vom TÜV Rheinland. Das Dienstleistungsunternehmen eröffnete schon 1978 das erste Büro in Tokio, zehn Jahre später folgten Niederlassungen in China. Allein in Asien unterhalten die Kölner an 40 Standorten Laboreinrichtungen. Die Prüfpalette reicht von Maschinen bis zu Kraftwerken, von der Kontrolle von Arbeitsabläufen bis hin zur Entwicklung von umfassenden Sicherheitsstandards.

Zur Verbesserung der Raumakustik in Großraumbüros wird gemessen, wie sich der Schall am besten absorbieren lässt. Ein TÜV-Mitarbeiter baut die Versuchsanordnung auf

Wie vor über 130 Jahren trägt der TÜV heute dazu bei, neue Technologien sicherer zu machen. Waren es damals Dampfkessel, so sind es heute beispielsweise Solaranlagen: Auf ihren Dächern haben bereits 500 000 deutsche Hauseigentümer Solaranlagen in Betrieb. Und die anhaltend hohe Nachfrage habe dazu geführt, „dass vor allem in China und Indien immer mehr preiswerte Fotovoltaik-Elemente gebaut werden", so Jörg Meyer zu Altenschildesche. „Aber es gab anfangs so gut wie keine Standards oder Sicherheitskriterien." Daher begann der TÜV Rheinland schon 1995 auf dem Gelände seiner Hauptverwaltung in Köln mit dem Bau eines Fotovoltaik-Labors. Heute betreibt er hier das weltweit modernste Prüfzentrum für Solarmodule zur Strom- und Warmwassererzeugung. Rund 70 Prozent aller Hersteller in diesem Bereich lassen ihre Produkte durch den TÜV Rheinland testen.

Im Prüfgeschäft die Hürde zu passieren bedeutet, die Produktgüte auf internationale Regularien abzustimmen", sagt Laborleiter Jörg Eylert. „Die Hersteller lernen, ihre Produkte immer besser zu bauen. Sie gehen nach den Tests gezielt die Probleme an."

Getestet wird hart und unnachgiebig. Zunächst kommt ein Teil der Module in den Sonnensimulator: 15 starke Scheinwerfer im Tageslichtspektrum bestrahlen sie dort zwei Stunden lang mit 1000 Watt Lichtleistung pro Quadratmeter. Danach werden die Bauteile in der UV-Kammer einhundert Stunden lang aggressiver UV-Strahlung von zwölf Lampen ausgesetzt. Module, die diesen Stresstest überstehen, wandern in die Klimakammer: Alle sechs Stunden wechselt dort die Temperatur zwischen minus 40 und plus 85 Grad Celsius „Die Elemente durchleben hier im Zeitraffer einen Teil ihres Produktlebens", so Jörg Eylert. Sie werden mit taubeneigroßen Hagelkörnern beschossen und müssen in einem Sturm- und Schneelasttest einer hydraulischen Prüfeinrichtung standhalten, die stundenlang an den Elementen drückt und zerrt. Nur diejenigen Teile, die diese Prozeduren überstehen, erhalten das begehrte Siegel, das seit über 130 Jahren wie kein anderes für Produktsicherheit steht: „TÜV-geprüft". □

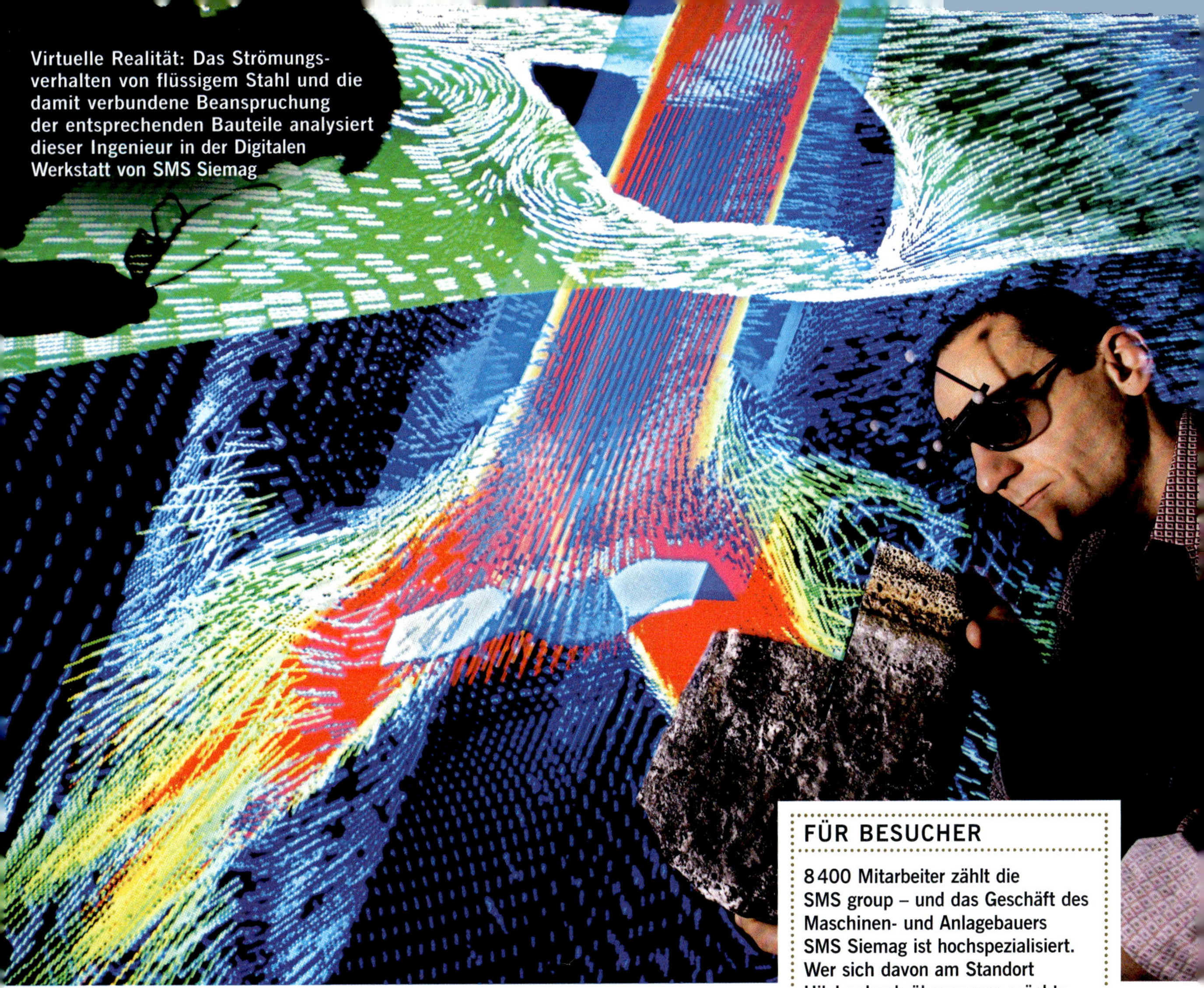

Virtuelle Realität: Das Strömungsverhalten von flüssigem Stahl und die damit verbundene Beanspruchung der entsprechenden Bauteile analysiert dieser Ingenieur in der Digitalen Werkstatt von SMS Siemag

FÜR BESUCHER

8 400 Mitarbeiter zählt die SMS group – und das Geschäft des Maschinen- und Anlagebauers SMS Siemag ist hochspezialisiert. Wer sich davon am Standort Hilchenbach überzeugen möchte, richtet seine Anfrage zur Werksführung an: Berufsbildung Tel. (027 33) 29 22 19 www.sms-siemag.com

SMS SIEMAG, DÜSSELDORF

Heavy Metal

Das Unternehmen ist seit 1871 Spezialist für die Entwicklung und den Bau von Hütten- und Walzwerkstechnik

Das neue Walzwerk kommt. Der Spezialsattelschlepper kriecht die 150 Kilometer von Hilchenbach im Siegerland bis nach Koblenz im Schneckentempo voran. Kreuzungen müssen gesperrt, Brücken verstärkt werden, damit die sperrige, mehr als 500 Tonnen schwere Fracht sicher ans Ziel kommt.

Ein Aluminiumhersteller in Koblenz will sein Warmwalzwerk modernisieren. Zwölf Meter hoch wird die neue Anlage sein, das Fundament ragt 16 Meter in den Boden hinein. Die riesigen Walzen sollen, wenn sie in Betrieb sind, 25 Tonnen schwere Alubarren zu dünnem Blech walzen. Daraus werden im nächsten Arbeitsgang Flugzeugtragflächen und Spezialbleche für die Luft- und Raumfahrtindustrie geformt.

Das Warmwalzwerk war einer der spektakulärsten Aufträge der vergangenen Jahre für SMS Siemag. Das Unternehmen, das zur SMS group gehört, baut unter anderem Gieß- und Walzanlagen für die Stahl- und Nichteisenmetallindustrie. Die Montage der neuen Anlage in Koblenz glich einer Operation am offenen Herzen. Nur an zwei Weihnachten für jeweils zwei Wochen durfte der Betrieb zum Stillstand kommen, ansonsten passierte alles bei laufendem Betrieb. Die Operation glückte. Nach zweijähriger Projektzeit und nur zwölftägiger Inbetriebnahme wurde der erste Alublock mit der neuen Maschine verarbeitet.

Großprojekte sind das Geschäft der SMS Siemag, die bis vor kurzem noch SMS Demag hieß. Mit der Namensänderung kehrt das Familienunternehmen zu seinen Wurzeln zurück. Aus einer Schmiede von Carl Eberhard Weiss entstand die Siegener Maschinenbau AG (Siemag). Seit über 100 Jahren liefert das Unternehmen Gieß- und Walzanlagen schlüsselfertig an Stahl-

und Nichteisenmetallverarbeiter in aller Welt. SMS Siemag verbindet dabei längst die traditionelle Schwerindustrie mit moderner Computertechnik. Die riesigen Anlagen werden zunächst in einem virtuellen Raum aufgebaut und simuliert, die Kunden können so schon einmal sehen, was erst Monate später in der Werkshalle stehen wird. „Während die alte Anlage noch abgerissen wird, werden die Kunden schon auf der neuen, noch virtuellen Anlage geschult", berichtet Unternehmenssprecher Thilo Sagermann.

Sind die Anlagen aus dem Siegerland erst einmal in Betrieb, laufen sie ewig. Vor 105 Jahren bereits wurde das erste Walzwerk nach China geliefert, vor knapp 77 Jahren ging das Walzgerüst einer Drahtstraße nach Russland. Dieses erhielt SMS Siemag vor einigen Jahren als Geschenk zurück, um es restaurieren zu lassen und auszustellen. Zur Überraschung selbst der Siemag-Ingenieure war das Walzwerk noch voll funktionsfähig.

„Das ist unser Problem", scherzt Sagermann, „unsere Anlagen sind sehr langlebig." Dabei habe sich mit den veränderten Anforderungen an Stahl und Eisen auch die Gieß- und Walztechnik stark gewandelt. Moderne Anlagen müssen neue Legierungen verarbeiten können, vor allem für leichtere Materialien, wie sie die Autoindustrie verlange. Dazu müsse man noch mit möglichst wenig Energie auskommen.

Apropos China: Der Kontakt dorthin ist nach 1904 nie abgebrochen. Heute ist das Land mit seinen riesigen Eisenerzvorkommen einer der größten Märkte. Heinrich Weiss, Urenkel des Firmengründers und Vorsitzender der Geschäftsführung der SMS group, hat als einer der ersten deutschen Unternehmer den kommenden Boom im Reich der Mitte erkannt. Das Unternehmen profitierte in den letzten Jahren vom Stahlhunger der Schwellenländer wie China und Indien. Rund 80 Prozent der Anlagen, die SMS Siemag baut, gehen ins Ausland. Maschinen „Made in Germany". □

Ein Haar ist dicker als die 6,3 Mikrometer dünne Alufolie, die bei Hydro in Grevenbroich mit einem Tempo von bis zu 120 Stundenkilometer auf große Rollen gewickelt wird

HYDRO, GREVENBROICH

Leichter Stoff

Alleskönner Aluminium: Vom Airbus bis zur Bierdose, die Industrie setzt auf ein Leichtgewicht mit großen Stärken

Bernd Eichs Problem war, verkürzt gesagt, eine zu hohe Stromrechnung. 250 Millionen Euro musste der Leiter der größten deutschen Aluminiumhütte zuletzt jährlich einkalkulieren. Seine Chefs, die Manager des norwegischen Aluminiumkonzerns Hydro, zu dem auch das Rheinwerk in Neuss gehört, verloren irgendwann die Hoffnung auf dauerhaft sinkende Strompreise und ordneten Anfang Februar 2009 die Stilllegung der Fabrik an.

Die 474 Öfen wurden allerdings nicht abgerissen, sondern lediglich eingemottet – auf dass sie in besseren Zeiten wieder in Gang gesetzt werden können. Neue Aluminiumhütten werden anderswo auf der Welt gebaut – vorzugsweise dort, wo es billige Energie gibt, in China, den Golfstaaten, Russland, Venezuela, Indien und Brasilien.

Die Stilllegung des Rheinwerks zerstört die kunstvolle Architektur des „Magischen Dreiecks" – so nennen Brancheninsider die bis dato weltweit einmalige Alu-Produktionskette in Neuss und Grevenbroich. Im exakt aufeinander abgestimmten Rhythmus von drei Fabriken entstehen seit den sechziger Jahren hochwertige Walzprodukte aus Aluminium: von hauchdünner Folie für Verpackungen über Druckplattenbänder für den Zeitungsdruck bis zu stabilen Bändern für Bau und Transportmittel für Industriekunden in Deutschland und weltweit.

FÜR BESUCHER

23 000 Beschäftigte in 40 Ländern. Hydro ist auf allen Kontinenten aktiv. Hydro in Deutschland ermöglicht Schüler- und Universitätsgruppen sowie Projektpartnern, seine Werke im Rheinkreis Neuss zu besichtigen. Ansprechpartner: Jan Patrick Turra Tel. (021 81) 66-15 14 www.hydro.com

20 Tonnen schwer, 9 Meter lang – so sieht ein gigantischer Aluminiumbarren vor der Weiterverarbeitung aus. Aus ihm könnten 55 Millionen Joghurtdeckel gepresst werden

Die Prozessstufe der Alu-Erzeugung im Rheinwerk droht wegzufallen. Was bleibt, ist ein führender Verbund von Betrieben, die Aluminium einschmelzen und recyceln, zu Walzbarren gießen, walzen, immer dünner, bis auf einen Bruchteil der Dicke unseres Haars. Viele Bänder und Folien werden noch durch Lackierung oder Beschichtung veredelt – und die Prozessreste wandern ebenso wie viel fertig genutztes Aluminium von den Kunden zurück in einen potenziell unendlichen Wertstoffkreislauf.

Gleich neben dem Rheinwerk ist Hydro in Neuss Mitbetreiber von Alunorf, dem größten Aluminiumwalz- und -schmelzwerk der Welt. Es erhält aus der Hydro-Gießerei exakt spezifizierte Walzbarren just in time, wenn es sein muss, innerhalb von nur vier Stunden – ein bisher unschlagbarer Vorteil. Alunorf füttert die Walzen im 20 Kilometer entfernten Hydro-Werk Grevenbroich jährlich mit 550000 Tonnen Vorwalzband, maximal ein Millimeter dickes Aluminium. Nach der letzten Walzstufe in Grevenbroich hat sich ein Walzbarren, neun Meter lang und 60 Zentimeter dick, in bis zu 600 Kilometer Folie verwandelt. Mit nur 0,006 Millimetern Dicke ist sie dünner als ein Menschenhaar und wird z.B. zur Innenbeschichtung von Saft- oder Milchkartons verwendet.

Aluminium ist der Stahl des 21. Jahrhunderts, leicht, praktisch, trendy, ein Multitalent mit fast unbegrenzten Einsatzmöglichkeiten. Allein durch sein geringes Gewicht hilft Alu, Ressourcen zu sparen. Im Kampf der Autokonzerne um Verbrauchssenkung und niedrigere Emissionswerte ist Aluminium ein unverzichtbarer Verbündeter geworden. Aus Alu werden Airbus-Tragflächen und ICE-Wagenkästen gefertigt, Fenster, Bettgestelle, Bierdosen, Schokoladenfolien und das Gehäuse des MacBook von Apple – komplett aus einem Aluminiumblock gefräst.

Aluminium hat eigentlich nur einen gravierenden Nachteil. Um ein Kilogramm des Metalls erstmals aus Aluminiunmoxid zu erzeugen, braucht es heute fast 14 Kilowattstunden Strom. Damit benötigt eine Aluhütte wie in Neuss im Jahr genau so viel wie ganz Düsseldorf. Seit Strom extrem teuer geworden ist, sind große Verbraucher wie die Aluhütten akut in ihrer Existenz bedroht.

Anders als Stahl oder Kunststoff ist Alu allerdings fast unbegrenzt wieder verwertbar – und mit jeder neuen Verwendung verbessert sich seine Ökobilanz. Das Umschmelzen von Aluschrott zu neuem Aluminium benötigt nur noch fünf Prozent der ursprünglich eingesetzten Strommenge. Entsprechend investiert auch Hydro in die Zukunft des niederrheinischen Alu-Clusters. Das Rheinwerk leidet – gleichzeitig entsteht nebenan bei Alunorf für 36 Millionen Euro ein großes Recycling-Werk, und das Werk Grevenbroich wird stets auf den neuesten Stand der Technik gebracht. □

DORNBRACHT, ISERLOHN

Bestform im Bad

Egal, ob Wasserhahn oder Brause – Dornbracht brachte Kultur in Küche und Bad der Deutschen

Die Brause – schon längst ein Wasserfall. Das Waschbecken – eine sprudelnde Quelle. Es sind die ursprünglichen Vorbilder, die den Armaturenhersteller Dornbracht zu seinen Produkten inspirieren. Dornbracht gehört zu jenen, die den Deutschen Kultur dorthin brachten, wo zuvor nur der Kulturbeutel seinen Platz hatte – ins Bad. In den 1950er Jahren begann Firmengründer Aloys F. Dornbracht nach Feierabend eigene Armaturen herzustellen und zu verkaufen. Sein Sohn Helmut, der heutige Senior im Unternehmen, unterstützte ihn. Der Clou der ersten Dornbracht-Armatur ist unvergessen: Der Wasserhahn an der Spüle hatte einen verlängerbaren Auslauf, so dass nicht die Töpfe zum Wasser, sondern der Hahn zu den Töpfen kam. Ende der 1960er, das Wirtschaftswunder brachte einen Bauboom mit sich, entwarf Dornbracht die erste Luxus-Armatur des Hauses: ein Wasserhahn in Form eines goldenen Schwans.

Der Geschmack hat sich gewandelt, die Zeit der goldenen Wasserhähne ist längst vorbei. Unter der Führung der Enkel Andreas und Matthias entwickelte sich das Unternehmen immer mehr zum Hersteller von Designer-Armaturen. Markenzeichen: reduzierte und klare Formen, edle Materialien und Oberflächen. Dornbracht liefert Duschen und Wasserhähne in kleinsten Serien und auf Wunsch auch als Maßanfertigungen. Produziert wird noch immer am Standort Iserlohn im Sauerland. Allerdings auf eine besonders zukunftsorientierte Weise: Die herkömmliche Fabrik-Struktur löst Dornbracht sukzessive auf. Statt dessen werden kleine, eigenverantwortlich handelnde Einheiten gebildet. Stichwort Modul-Konzept. Forschung und Entwicklung, Technik und Einkauf, Fertigung und Vertrieb arbeiten direkt neben- und miteinander. „Während in gewachsenen Strukturen ein neues Produkt als Projekt die verschiedenen Fachabteilungen durchläuft, übernimmt hier das Produkt die Führung", so Matthias Dornbracht.

Entscheidend auf dem Weg zur Luxus-Marke war für Dornbracht die Zusammenarbeit mit dem Industriedesigner Dieter Sieger, einem der besten seiner Branche. Er war es, der für Dornbracht Klassiker wie die Armatur „Tara" entworfen hat, die bis heute durch ihren eleganten, aber schlichten Schwung besticht.

Doch Erfolg wird gern kopiert. Allein die Armatur „Tara" ist hundertfach abgekupfert worden, schätzt Matthias Dornbracht. Für den Designer ist das ein Kompliment, für das Unternehmen ein Problem. Deshalb wendet sich Dornbracht zusammen mit anderen Unternehmen gegen Plagiate aus dem In- und Ausland, die innovativen Unternehmen die Geschäfte erschweren. Doch damit ist das Problem nicht gelöst. „Wir müssen den Kopisten immer voraus sein", sagt Mattias Dornbracht. Auch deshalb sucht das Unternehmen seit Jahren regelmäßig in der Kultuszene, sucht den Kontakt zu Künstlern, um neue Impulse zu bekommen. „Kreative", sagt Andreas Dornbracht, „sind Antennen für gesellschaftliche Entwicklungen." Davon inspiriert erarbeiten Innenarchitekten, Ingenieure und Designer Konzepte, die das Bad als Wellness-Oase oder Rückzugsort definieren. Als Wasserfall. Oder auch als Quelle. □

FÜR INTERESSIERTE

Seit 1996 steht Dornbracht im Dialog mit Künstlern, Musikern, Architekten und Designern, etwa mit der Initiative „Cultureprojects by Dornbracht". In diesem Rahmen entstehen Installationen, Diskussionen oder auch Performances. Ein Leitmotiv dabei: „The Spirit of Water". Weitere Informationen unter www.dornbracht.com

Qualitätskontrolle: Vor der Auslieferung wird jedes Duschpaneel von Dornbracht drei Stunden lang elektronisch überprüft

DER WESTEN

EMITEC, LOHMAR

Die Luft ist rein

Gesucht: eine saubere Lösung fürs Auto. Erfunden: ein beheizbarer Katalysator

Heiße Sache: der beheizte Metallkatalysator von Emitec

Ihr Inneres sieht aus wie ein Bienenstock mit versilberten Waben. Mal sind sie rund, mal oval mit einem Durchmesser zwischen zwei und 80 Zentimetern. Mal bildet die Wabenstruktur Kurven (Evolventen), mal eine S-Form: Katalysatoren. Diese silbrig glänzenden Bauteile, die Turbulenzen verursachen und mit kostbarem Platin und Rhodium beschichtet sind, dürfen heute in keinem Fahrzeug mehr fehlen. Sie sorgen dafür, dass die Abgase von Autos, LKWs, Motorrädern bis hin zum Blockheizkraftwerk gereinigt in die Umwelt entlassen werden. Dabei wandelt die Beschichtung die Abgase um.

Die Firma Emitec hat sich auf die Saubermänner am Auspuff spezialisiert. 1986 gründete sich das Unternehmen aus der Siemens-Tochter Interatom. Geburtshelfer dabei war die zur damaligen Zeit lautstarke Umweltbewegung. Nach der Katastrophe von Tschernobyl war die Kritik an der Kernkraft in Deutschland so groß geworden, dass sich die Firma Interatom, die bis dahin ausschließlich mit der Entwicklung von Atomreaktoren beschäftigt war, gezwungen sah, neue Geschäftsfelder aufzutun.

Die fanden sich ausgerechnet in der Umwelttechnologie für Autos, die in dieser Zeit erstmals als Umweltverschmutzer in die Kritik gerieten. Der Katalysator wurde Pflicht, und plötzlich mussten Millionen von Kraftfahrzeugen mit Katalysatoren aus- oder nachgerüstet werden.

Dieser neue Markt war, was man nicht unbedingt vermuten würde, wie geschaffen für die ehemaligen Interatom-Ingenieure. Hatten sie doch besonderes Knowhow in der Hochtemperaturtechnik – und Katalysatoren müssen einer Temperatur von über 1000 Grad standhalten.

Emitec forschte und brachte bald den weltweit ersten haltbaren Metallkatalysator auf den Markt. Bis dahin waren die umgangssprachlich „Kat" genannten Teile aus Keramik gefertigt. Deren Hauptproblem: Keramikkatalysatoren setzten dem Abgasstrom aus dem Motor zu viel Widerstand entgegen, was wiederum die Motorleistung drosselte. Emitecs Metallkat löste dieses Problem, und zunächst waren vor allem die Hersteller leistungsstarker Wagen begeistert. Als einer der ersten stattete Jaguar seine Zwölfzylinder mit einem Metallkat von Emitec aus.

Heute sind die Metallkatalysatoren längst Standard, natürlich auch bei Kleinwagen. Aber noch immer kommen die Neuentwicklungen von Emitec zuerst in PS-starken Luxuskarossen wie Jaguar, Maserati oder Ferrari zum Einsatz. „Hier können wir zeigen, was auch unter extremen Bedingungen machbar ist", sagt Produktionsleiter Ludwig Wieres.

Und machbar ist heute manches, das vor 20 Jahren kaum vorstellbar war. Intensiv arbeiten die Ingenieure von Emitec daran, die wabenartige Struktur des Katalysators zu verbessern, so dass die Abgase mit einer möglichst großen Fläche in Berührung kommen. Mit Hilfe einer speziell entwickelten Verwirbelungstechnik gelingt das fast optimal.

Ein besonders innovatives Produkt der Emitec ist der beheizbare Katalysator. Da die Abgasnachbehandlung nur in heißem Zustand verrichtet werden kann, wird dieses Modell schon mit dem Öffnen des Türschlosses eines Fahrzeugs aufgeheizt. „Wenn Sie in einem Auto mit so einem Kat durch die Stadt fahren, kommt die Luft aus dem Auspuff sauberer wieder raus als sie in den Motor eingesaugt wurde", sagt Produktionsleiter Ludwig Wieres, kein Mann, der zu Übertreibungen neigt.

Ein Auto, das die Umwelt reinigt? Ja. Nur mit dem kleinen Haken, dass der beheizte Katalysator wegen der relativ hohen Kosten noch nicht in großen Serien eingesetzt wird. Wieres ist jedoch optimistisch. Mit den weltweit steigenden Umweltstandards, selbst in Schwellenländern wie Indien und China, wird auch die Nachfrage nach dem besten Katalysator früher oder später anspringen. Das Geschäft mit Turbulenzen ist ganz schön turbulent. □

FÜR INTERESSIERTE

Neben dem Stammwerk in Lohmar bei Köln unterhält das 1986 gegründete Unternehmen Emitec Standorte in Thüringen, den USA und Indien. Als einer der weltweit größten Hersteller von Metall-Katalysatorträgern arbeitet Emitec an Lösungen, die Automobilherstellern helfen, den Verbrauch und Schadstoffaustausch ihrer Fahrzeuge zu senken. Besuch auf Anfrage möglich: info@emitec.com
www.emitec.com

TIPPS IM WESTEN

Natürlich Kohle und Bergbau. Aber auch Wein und Computer zählen zum Angebot

NORDRHEIN-WESTFALEN

Radioteleskop Effelsberg

Bad Münstereifel-Effelsberg (A 7) Einblicke in die Weiten des Alls erhalten Besucher in der Eifel: In der Nähe von Bad Münstereifel steht eins der größten vollbeweglichen Radioteleskope der Erde, mit dem Radioastronomen in den Weltraum hineinhorchen.
Tel. (022 57) 30 10
www.mpifr-bonn.mpg.de

Luisenhütte

Balve-Wocklum (C 6) Die älteste mit vollständiger Einrichtung erhaltene Holzkohlehochofenanlage Deutschlands.
Tel. (023 75) 31 34 und (023 52) 966 70 34
www.maerkischer-kreis.de/kultur

Deutsches Bergbau-Museum

Bochum (B 6) 400 000 Besucher pro Jahr machen es zum bedeutendsten Bergbaumuseum der Welt. Übertägige Ausstellungen und ein originalgetreues Anschauungsbergwerk im Untergrund des Museumsgeländes erklären den Besuchern den Bergbau. Vom Fördergerüst aus hat man einen phantastischen Blick über Bochum und das Ruhrgebiet.
Tel. (02 34) 587 70
www.bergbaumuseum.de

Eisenbahnmuseum

Bochum-Dahlhausen (B 6) Ausstellungshallen und Freigelände mit Loks und Waggons, die keine Wünsche offen lassen.
Tel. (0234) 492516
www.eisenbahnmuseum-bochum.de

Zeche Zollern II/IV

Dortmund (B 6) Diese Musterzeche taugt als Zeugnis für den Strukturwandel im Revier. Die Dauerausstellung erklärt beispielhaft den harten Arbeitsalltag hinter den schönen Backsteinfassaden und untertage. Kinder schlüpfen bei Führungen in die Rolle von Bergleuten.
Tel. (0231) 6961111
www.lwl.org/LWL/Kultur/wim/portal

Baumwollspinnerei mit E-Werk

Engelskirchen (B 7) „Der Engels macht den Strom", staunten die Einheimischen 1903. Die Fabrik von Friedrich Engels sen., dem Vater des berühmten Sozialisten, war auch eines der ersten Elektrizitätswerke in Deutschland. Wie der Strom das Leben der Menschen veränderte, davon zeugt eine laute Ringspinnmaschine.
Tel. (022 34) 992 15 55
www.industriemuseum.lvr.de

Zeche Zollverein

Essen (B 6) Aus der einst schönsten Zeche der Welt, heute Unesco-Welterbe, ist ein Kultur- und Freizeitzentrum geworden. Führungen zu unterschiedlichen Themen. Unbedingt besuchen: die Kokerei.
Tel. (02 01) 24 68 10
www.zollverein.de

Henrichshütte

Hattingen (B 6) Eines der traditionsreichsten Eisenhüttenwerke des Ruhrgebiets. Bis zu 10 000 Arbeiter produzierten hier Eisen und Stahl. Drei Rundwege erschließen heute das 50 000 m² große Gelände. Der Weg des Eisens führt durch Erz- und Kohlebunker hindurch, vorbei an Maschinenhaus und Winderhitzern, hinauf auf den Hochofen 3 und wieder hinunter in die Gießhalle.
Tel. (023 24) 924 71 40
www.lwl.org/LWL/Kultur/wim/portal

Industriemuseum Freudenthaler Sensenhammer

Leverkusen (B 7) Sensenfabrik aus dem 19. Jh. mit Schmiedehalle sowie einer Wasserkraft- und Stromerzeugungsanlage samt Stauteich, Wasserturbinen und Kraftwerk. Schmiedevorführungen und Ausstellung zur Firmengeschichte.
Tel. (02 14) 500 72 68
www.sensenhammer.de

Druckereimuseum Weiss

Monschau (A 7) Ein Streifzug quer durch die Geschichte der Druckkunst bis hin zu den modernsten Druckmaschinen, dem Computer und dem Internet.
Tel. (024 72) 98 29 82
www.druckereimuseum-weiss.de

Über dem Bergbau-Museum in Bochum erhebt sich das 72 m hohe Fördergerüst der alten Dortmunder Zeche Germania

St.-Antony-Hütte und Zinkfabrik Altenberg

Oberhausen (A/B 6) Das stählerne Zeitalter begann in Oberhausen. In der St.-Antony-Hütte, der ersten Eisenhütte des Ruhrgebiets, wird von den Anfängen der Eisen- und Stahlindustrie berichtet. Eine Zeitreise in die schwerindustrielle Vergangenheit der Region zum Anfassen und Erleben zeigt das Museum in der alten Zinkfabrik Altenberg. Die alten Backsteinhallen bieten die ideale Umgebung für die Präsentation einer von Rauch, Schweiß und harter Arbeit geprägten Epoche.
Tel. (022 34) 992 15 55
www.industriemuseum.lvr.de

Heinz Nixdorf MuseumsForum

Paderborn (C 6) Kein Name ist enger mit dem Aufbau der deutschen Computerindustrie verbunden als der von Heinz Nixdorf. Er gründete 1952 sein Unternehmen und hatte sich zum Ziel gesetzt, den Computer an den Arbeitsplatz zu bringen. Das Museum, größtes Computermuseum der Welt, zeigt einen Querschnitt aus 5000 Jahren Informations- und Kommunikationstechnik.
Tel. (052 51) 30 66 00
www.hnf.de

Glashütte Gernheim

Petershagen (D 5) Aus dem frühen 19. Jahrhundert. Heute noch erhalten sind Arbeiterhäuser, die ehemalige Fabrikanten-Villa, die Verwaltung, die Korbflechterei mit der Fabrikschule und das Wahrzeichen der Hütte Gernheim: der kegelförmige Glasturm von 1826. Der historische Schmelzofen wurde rekonstruiert und für die Schauproduktion mit neuer Technik ausgestattet. Glasmacher fertigen mit der Pfeife wie im 19. Jahrhundert aus glühendheißer Masse Gläser und Flaschen. Ein Schleifer und Graveur veredelt die Gläser nach dem Erkalten.
Tel. (057 07) 931 10
www.lwl.org/LWL/Kultur/wim/portal

Textilfabrik Cromford

Ratingen (B 6) Die erste Fabrik auf dem europäischen Kontinent stand in Ratingen. Der Kaufmann Johann Gottfried Brügelmann errichtete 1783/84 eine Textilfabrik nach englischem Vorbild. Er hatte sich aus Cromford in England Bauanleitungen für „Waterframes" besorgt, die ersten vollmechanisch arbeitenden Spinnmaschinen. Das Museum veranschaulicht, wie damals Baumwolle verarbeitet wurde.
Tel. (022 34) 992 15 55
www.industriemuseum.lvr.de

Museum Strom und Leben

Recklinghausen (B 6) Im denkmalgeschützten Umspannwerk können Neugierige lernen, wie Strom seit mehr als 100 Jahren erzeugt und angewendet wird.
Tel. (023 61) 38 22 16
www.umspannwerk-recklinghausen.de

Gesenkschmiede Hendrichs

Solingen (B 6/7) In der Blütezeit der Solinger Schneidwarenindustrie kam fast alles auf der Welt, was richtig gut schneiden konnte, von hier. Die Stadt war eine einzige Werkstatt. Schmiede, Schleifer und so exotische Berufe wie Augenpliester und Reider fertigten jedes Jahr Millionen von Scheren, Messern und Waffen an. Die Gesenkschmiede Hendrichs ist heute ein Museum, das noch richtig produziert. Maschinen und Arbeiter der ehemaligen Fabrik wurden vom Museum übernommen und der Produktionsprozess zu Demonstrationszwecken erhalten.
Tel. (022 34) 992 15 55
www.industriemuseum.lvr.de

Schiffshebewerk Henrichenburg

Waltrop (B 6) Am 11. August 1899 weihte Kaiser Wilhelm II. das größte Bauwerk am Dortmund-Ems-Kanal ein. 71 Jahre lang trug das Hebewerk Frachtschiffe bis zu 750 Tonnen Gewicht mühelos über einen Höhenunterschied von 14 Metern. Das Museum befindet sich im alten Maschinenhaus. Historische Werft und schwimmende Arbeitsgeräte im Museumshafen. Über einen Rundweg lässt sich der Schleusenpark erkunden.
Tel. (023 63) 970 70
www.lwl.org/LWL/Kultur/wim/portal

Zeche Nachtigall

Witten (B 6) Im Maschinenhaus steht eine der ältesten Fördermaschinen (1887) des Reviers. Im Besucherbergwerk Nachtigallstollen können Museumsgäste – ausgerüstet mit Helm und Grubenlampe – zu einem Steinkohleflöz vorstoßen. Sie erleben am eigenen Leib die Arbeitsbedingungen im Kohlebergbau vergangener Tage.
Tel. (023 02) 936 64 10
www.lwl.org/LWL/Kultur/wim/portal

Schwebebahn

Wuppertal (B 6) Auf einer Strecke von 13,3 Kilometern fährt die „Straßenbahn besonderer Bauart" seit 1901 durchs Stadt gebiet. Sie hält an 20 Stellen und zuckelt in 12 Metern Höhe über dem Flussbett der Wupper.
www.schwebebahn.de

RHEINLAND-PFALZ

Deutsches Straßenmuseum

Germersheim (C 9) Das einzige Museum in Deutschland, das sich umfassend mit dem Thema Straße beschäftigt. Es wurde 1989 durch Privatinitiative einiger Straßenbauer gegründet und zeigt Exponate von der Frühzeit bis zur Gegenwart des Straßenbaus.
Tel. (072 74) 50 05 00
www.deutsches-strassen museum.de

TIPPS IM WESTEN

Der Elefant hat auf lange Sicht die besseren Chancen: Rennen gegen dein Lieblingstier im Wettlauftunnel des Dynamikums in Pirmasens

BergbauErlebnisWelt

Imsbach (B 9) Die Bergbau ErlebnisWelt umfasst zwei Besucherbergwerke, die „Weiße Grube“ und die „Grube Maria“. Das Bergbaumuseum informiert den Besucher über die in der Pfalz gewonnenen mineralischen und fossilen Rohstoffarten sowie deren Verwendung.
Tel. (063 02) 60 20
www.bergbauerlebniswelt-imsbach.de

BASF

Ludwigshafen (C 9) Im Besucherzentrum des größten Chemieareals der Welt findet man Wissenswertes über das Unternehmen und die Welt der Chemie. Ausstellungsstücke dürfen erkundet werden – von der Autotür und dem Spezialkunststoff einer Turnschuhsohle bis hin zu organischen Leuchtdioden. Das Mitmach-Labor „H2O &Co“ bietet Schülern die Möglichkeit, Chemie außerhalb des Unterrichts zu entdecken.
Tel. (06 21) 607 16 40
http://besucherzentrum.basf.de

Gutenberg-Museum

Mainz (C 8) Das Museum für Buch-, Druck- und Schriftgeschichte aller Kulturen wurde 1900 anlässlich des 500. Geburtstags Johannes Gutenbergs (um 1400-1468) gegründet, um dessen Erfindungen (wie den Druck mit beweglichen Lettern) zu würdigen. Die Abteilungen der Dauerausstellung umfassen neben der Drucktechnik, Buchkunst, Exlibris, Grafik und Plakate, Papier und Schriftgeschichte auch moderne Künstlerbücher. Eine Druckwerkstatt lädt die Besucher zum Mitmachen ein.
Tel. (061 31) 12 26 40/44
www.gutenberg-museum.de

Besucherbergwerk Erzgrube Sankt Anna Stollen

Nothweiler (B 10) Während eines 420 m langen Rundgangs untertage erfährt der Besucher viel über bergbauliche Tätigkeiten, Abbauorte und Lebensbedingungen früherer Zeiten. Zu sehen sind Erzgewinnung in Handarbeit, technische Einrichtungen wie der Sturzschacht (2 x 40 m tief) und autarke Wasserversorgung unter Tage (Zisterne). Zudem werden im neu eröffneten Informations- und Besucherzentrum regelmäßig Sonderausstellungen gezeigt.
Tel. (063 94) 53 54
www.nothweiler.de/erzgrube.html

Deutsches Weinbaumuseum

Oppenheim am Rhein (C 8) Eine 2000-jährige Geschichte hat der Weinanbau in Deutschland. Die Sammlungen des Museums reichen von mittelalterlichen Weinbergspflügen und Keltern bis zu Oldtimer-Traktoren, vom römischen Rebmesser bis zu den verschiedenartigsten Gerätschaften für die Weinbergarbeit und die Weinherstellung. Es gibt über 300 Jahre alte Weine, sehenswerte Fässer, Weinflaschen und Weinetiketten.
Tel. (061 33) 25 44
www.dwb-museum.de

Die neue Heimat der Antonov

Flugzeuge, Raumfähren und ein U-Boot sind die Highlights in Speyer

Üppig bestückt mit Attraktionen aus dem Automobil- und Luftfahrtsektor ist das Technik Museum in Speyer. Für gewöhnlich gehört das Hauptinteresse der Besucher der „Antonov AN 22“. Das größte propellergetriebene Flugzeug der Welt ist im Freigelände ausgestellt und kann auch im Inneren besichtigt werden. Unweit davon ist ein „U9“, ein Unterseeboot der Bundesmarine, vor Anker gegangen. Das U-Boot wurde über die Nordsee nach Rotterdam und dann über den Rhein nach Speyer geschleppt. Es ist noch weitgehend ausgerüstet und kann komplett besichtigt werden. Auf dem Freigelände steht auch eine Boeing 747 der Lufthansa. Einzigartig ist die Möglichkeit, dass die Besucher die linke Tragfläche in 20 m Höhe begehen können und somit einen Ausblick auf das Museumsgelände und den Dom von Speyer haben. Seit 2008 verfügt das Museum in Speyer über eine Weltraumhalle. Ein Prototyp der früheren russischen Raumfähre Buran, die mehrere Testflüge absolviert hat, zählt zu den Besuchermagneten.
Speyer (C 9)
Tel. (062 32) 670 80
www.technik-museum.de

Ohne die BASF gingen in Ludwigshafen die Lichter aus. Die etwa 200 Fabriken des Werks wirken wie eine Stadt für sich

Dynamikum
Pirmasens (B 9) An 160 Experimentierstationen können die Besucher viel über Phänomene aus Natur und Technik erleben. Im Mitmach-Museum dreht sich alles um das Thema „Bewegung".
Tel. (063 31) 239 43 22
www.dynamikum.de

SAARLAND

Historisches Kupferbergwerk Düppenweiler
Beckingen-Düppenweiler (A 9) „Mystallica" erwartet Sie an Ort und Stelle: Diese neue Licht- und Toninstallation möchte durch die Elemente Beleuchtung, Musik, Geräusche und Texte eine Brücke zwischen traditioneller Bergwerksbesichtigung und touristischer Freizeitgestaltung mit Erlebnis- und Unterhaltungsanspruch schlagen.
Tel. (068 32) 80 00 11
www.dueppenweiler.de/Sehenswertes/Kupferbergwerk.htm

Saarländisches Bergbaumuseum
Bexbach (B 9) Technik und Geschichte zum Anfassen – eingebettet in die Parklandschaft eines Blumengartens. Die Befahrung der Schaubergwerksanlage ist möglich.
Tel. (068 26) 48 87
www.saarl-bergbaumuseum-bexbach.de

Besucherbergwerk Rischbachstollen
St. Ingbert (B 9) Der Rischbachstollen ist Teil der ehemaligen Steinkohlegrube St.Ingbert, die 1959 die Förderung beendete und ihre Tore schloss. Neben Themenführungen wie „Gelebte Geschichte" werden umfassende Einblicke in das Leben der Bergleute vermittelt.
Tel. (068 94) 169 04 90
www.rischbachstollen.de

Völklinger Hütte
Völklingen (A 9) 1881 kaufte der Industrielle Carl Röchling (1827-1910) ein stillgelegtes Stahlwerk und begann mit der Produktion von Roheisen. Es folgte ein beispielloser Aufstieg. Zu Hochzeiten verdienten mehr als 17 000 Arbeiter der Hüttenanlage dort ihr Geld, mehrere Stahlwerke wurden angebaut. 1986 musste die Roheisen-produktion aufgrund sinkender Profite der Eisen- und Stahlindustrie beendet werden. Ein großes Stahlwerk ist jedoch weiterhin in Betrieb und nach Absprache zu besichtigen. 1994 wurde die Völklinger Hütte auf die Liste der UNESCO genommen und gehört seitdem zum Weltkulturerbe. Ausstellungen, Veranstaltungen und Führungen beleben das Gelände heute.
Tel. (068 98) 910 01 00
www.voelklinger-huette.org

Achtung, Aufnahme mit dem neuen Telefunken-Bildfänger: Fernsehübertragung einer Ballettaufführung etwa 1940

Erfindungen in Deutschland

Die erste war für mehr als ein halbes Jahrtausend auch die wichtigste: Johannes Gutenbergs Geniestreich durchbrach das Lese- und Lehrmonopol der Klöster und Kirchenmänner, machte die Verbreitung von Ideen und Kenntnissen überhaupt erst möglich – und damit die Verwirklichung vieler Menschheitsträume. Eine Auswahl aus unterschiedlichsten Bereichen

Johannes Gutenberg

um 1445

Buchdruck mit beweglichen Lettern

Der Physiker Manfred von Ardenne um 1980 in seinem Institut in Dresden

Startstunde des Fernsehens in der Bundesrepublik zu Weihnachten 1952 mit noch winziger Teilnehmerzahl

Als die Bilder flimmern lernten

Das Fernsehen ist älter als das Radio und das Grammophon – jedenfalls theoretisch. Doch es dauerte lange, bis jemand endlich ein brauchbares Fernsehgerät baute: Multitalent Manfred von Ardenne

TEXT: SEBASTIAN SCHOLZ

Gottfried Wilhelm Leibniz	Karl-Friedrich Drais	Christian F. L. Buschmann	Wilhelm Weber, Carl Friedr. Gauß	Friedrich Gottlob Keller	Robert Wilhelm Bunsen
1673	1817	1821	1833	1843	1855
Mechanische Rechenmaschine für die vier Grundrechenarten	Laufrad (Vorgänger des Fahrrads)	Mundharmonika, von ihm „Mund-Äoline“ genannt	Elektromagnetischer Telegraf	Holzschliffpapier	Praxistauglicher Gasbrenner

Zwanzig Uhr. Es ist Fernsehen, und keiner geht hin. Zwar sind in den zwölf Berliner Fernsehstuben der Reichspost einige Plätze besetzt, aber diesen Stammgästen geht es darum, im Warmen zu sitzen. Anders als im Lichtspielhaus müssen sie fürs Fernsehen keinen Eintritt zahlen.

Gegeben wird heute, am 30. Januar 1939, der Vortrag „Was sagt Turnvater Jahn dazu?“, danach treten Alois Münstermann und seine Funkgymnastiker auf. Als um fünf vor neun das Landesorchester Berlin unter G. A. Schlemm ein „Varieté für Instrumente“ anstimmt, sind draußen im Lande vor den Bildschirmen womöglich weniger Personen versammelt als im Fernsehstudio.

Dort geht es aber auch viel aufregender zu. Es gibt keine Aufzeichnungen, alles wird „unmittelbar“, also live gegeben! Bei Fernsehspielen müssen die Schauspieler bei jeder Wiederholungssendung aufs Neue ihre Rolle spielen. Das hieß in den Anfangsjahren: ab in den „Schwitzkasten“. Der war eine winzige Bühne, zunächst 1,5 mal 1,5 Meter, später immerhin zehn Quadratmeter groß, in der sich in völliger Dunkelheit alles drängte – Programmansager, Musikanten, Schauspieler. Einmal sogar ein Leopard, der nach dem vielleicht ersten Tierprogramm des deutschen Fernsehens den Kasten nicht mehr verlassen wollte. Der dünne Strahl des Aufnahmegeräts durchschnitt unerbittlich weiter das Dunkel: „Ich habe mich schlotternd an das Tier gedrängt und meine Ansage gemacht. Die Sendung musste doch weitergehen“, erzählt einer der tapferen Fernsehpioniere.

Rundfunk, Film und Zeitung hatten die nationalsozialistischen Machthaber zu perfekten Medien ihrer Propaganda modelliert – nur die „Glotze“, ohne die heutzutage keiner regieren könnte, hinkte hinterher. Nicht aus Auflehnung, sondern weil sie bis zu ihrer technischen Reife befremdlich lange brauchte.

An Manfred von Ardenne lag es nicht, der war ein Frühentwickler. Sein Abgangszeugnis von der Untersekunda 1922 offenbart davon allerdings wenig: zweimal „mangelhaft“, sonst „genügend“, nur in Physik ein „sehr gut“. Doch der 15-jährige Schüler des Gymnasiums zu Berlin-Tempelhof schämte sich nicht. Er hatte eine triftige Entschuldigung. Manfred von Ardenne war einfach zu fleißig.

Wer bis spät in die Nacht in seiner Werkstatt in der elterlichen Wohnung Funkgeräte und Verstärkerröhren baut, in der ganzen Stadt Bauteile für Radios und Elektrogeräte billig kauft und, deutlich verbessert, wieder anbietet, wer Tag und Nacht die Wellen abhorcht, um ein Büchlein mit allen empfangbaren Funkstationen, von Malabar auf Java bis zum geheimen Reichswehrsender, veröffentlichen zu können – der hat keine Zeit für Erdkunde, Sport und Religion.

Große Sorgen wegen des miserablen Abgangszeugnisses musste sich der Sproß einer preußischen Offiziersfamilie nicht machen. Manfred bekam immer mehr Aufträge.

Sein Geschick, im Handwerklichen ebenso wie im Geschäftlichen, hatte ihm schon als Schüler viel Geld eingebracht – und damit viel Freiheit. Wer

Philipp Reis führte 1863 Kaiser Franz Joseph von Österreich im Frankfurter Goethehaus sein Telefon vor. Dabei erklangen auch musikalische Töne

Arthur Korn gelang 1904 die drahtlose Übertragung eines Bildes von München nach Nürnberg und zurück in 42 Minuten

Philipp Reis	Carl von Linde	Ernst Werner von Siemens	Carl Friedr. Benz, Gottlieb Daimler	Heinrich Hertz	Heinrich Ehrhardt	Rudolf Diesel
1860	1873	1879	1885	1886	1891	1892
Telefon	Kompressions-Kältemaschine („Kühlschrank“)	Elektrische Lokomotive	Automobil	Funkübertragung	Verfahren zur Fabrikation nahtloser Rohre	Dieselmotor

sich an die ewigen Zumutungen erinnert, die den familiären Alltag verdüstern, vernimmt nicht ohne Bewunderung, wie Manfred dazu angehalten wird, doch bitte mal eben eine Tante zum Bahnhof zu begleiten – und der 13-Jährige stattdessen einen Dienstmann fürs Gepäcktragen bezahlt: Die Zeit für Experimente ist knapp und kostbar. Und bald auch der Raum. Es ist die Zeit der Hyperinflation, mit den Finanzen der Eltern steht es schlecht, so kommt es ihnen entgegen, dass ihr 16-jähriger Sohn die 30 Quadratmeter große gute Stube von ihnen anmietet und als Werkstatt einrichtet.

Dort erscheint immer öfter Besuch. Unangenehmer wie der der Kriminalpolizei, die in den Funk-Experimenten staatsgefährdende Umtriebe vermutet. Und erbaulicher: Der Unternehmer Siegmund Loewe, der soeben eine Elektronikfirma gegründet hat, ist von dem jungen Tüftler begeistert. Jetzt geht alles ganz schnell: Manfred von Ardenne arbeitet bald als Zulieferer der Loewe-Werke, hat entscheidenden Anteil an der Entwicklung einer Dreifachröhre, die den Bau handlicher, preiswerter Radioempfänger ermöglicht. Mit dem Verkauf von Patenten finanziert er ein eigenes Forschungslaboratorium im Stadtteil Lichterfelde – da ist der Herr Institutsgründer gerade volljährig geworden.

Im selben Jahr, 1928, präsentiert die Berliner Funkausstellung eine vermeintliche Sensation: Fernsehen. Lang ist die Schlange vor der schwarz verkleideten Zelle in der Messehalle. Deutlich länger aber sind die Gesichter der Besucher, wenn sie nach ein oder zwei Minuten aus der Zelle herauskommen.

Ein Greis mit dickem grauem Schnurrbart schüttelt den Kopf. Nur ein paar dunkle Schatten, die sich auf noch dunklerem Untergrund einförmig bewegten, hat Paul Nipkow auf der vier mal vier Zentimeter kleinen Glasplatte wahrgenommen. Das soll Fernsehen sein? Sein Fernsehen? So hat er es sich nicht vorgestellt – damals, 45 Jahre zuvor, als er es erfand.

Jedenfalls theoretisch. Berlin, 1883, tiefstes Kaiserreich. Es gibt noch kein Kino, kein Grammophon und kein Radio, aber Paul Nipkow erfindet das Fernsehen. Er ist 24, Student der Mathematik. Seine Idee: Das Bild wird nicht im Ganzen, sondern zeilenweise erfasst. Die unterschiedlichen Helligkeitswerte werden wie beim Telegraphen elektrisch weitergeleitet und auf der Empfängerseite wieder in Licht umgewandelt.

Mit den Selenzellen gibt es neuerdings ein Hilfsmittel, das Helligkeitsschwankungen unmittelbar in elektrische Spannung umsetzt. Wie aber soll die zeilenmäßige Abtastung des Originalbildes vonstatten gehen?

Nipkows genialer Geistesfunke: eine kreisrunde Scheibe mit 24 Löchern. Spiralförmig solcherart eingestanzt,

Christian Hülsmeyer (auf dem Foto neben einer Radarantenne) konnte für sein Vorgängersystem, das Telemobiloskop, keinen recht begeistern

Wilhelm Conrad Röntgen	Waldemar Junger, Karl Berg	Arthur Korn	Reinhold Burger	Christian Hülsmeyer	Fritz Haber	Oskar Barnack
1895	1900	1904	1903	1904	1908	1913
Röntgenstrahlen	Nickel-Cadmium-Akku	Elektronisches Fax-Gerät	Thermoskanne	Radar	Ammoniaksynthese im großtechnischen Maßstab	Kleinbildkamera

dass beim Drehen der Scheibe um ihren Mittelpunkt erst das am weitesten außen gelegene Loch die oberste (leicht geschwungene) Zeile eines gegebenen Rahmens durchläuft. Sobald dieses Loch den rechten Rand des Rahmens erreicht hat, taucht an seinem linken Rand, aber etwas tiefer, das nächste auf. Und so weiter, bis nach dem innersten Loch und der untersten Zeile alles von vorn beginnt.

Auf der Empfängerseite: eine sich ebenso drehende „Nipkowscheibe", durch die eine Lichtquelle Zeile für Zeile ein Bild auf die Leinwand (oder ein anderes Empfangsmedium) zeichnet.

Es ist vollbracht! Auf dem Papier. Paul Nipkow erhält seine Patenturkunde. Dann muss er dringend heiraten und sich um eine Stelle bemühen. Deshalb kommt er nicht dazu, die vielen Tücken seiner Erfindung auszuräumen. An die praktische Ausführung seiner Fernseh-Idee macht er sich nie heran.

Manfred von Ardenne, geboren 24 Jahre nach Nipkows Geistesblitz, hat es immer genau umgekehrt gehalten. Er war der große, beharrliche Ausprobierer.

In der Theorie klafften zuweilen große Löcher, doch kaum hatte der junge Mann sich ein- oder zweimal vor Siegmund Loewe und seinen Mitarbeitern blamiert, ging er mit der Unbeirrtheit des Autodidakten daran, diese Löcher zu stopfen. Er besuchte Seminare und wurde zum großen, beharrlichen Leser aller Fachpublikationen – bis an sein Lebensende, als er in Dresden eines der größten privaten Forschungsinstitute der Welt leitete, sollte sich Manfred von Ardenne einen Stab von Dokumentaren halten, die selbst die entlegensten und ausländischsten Zeitschriften für ihn auswerteten und archivierten.

Und eines Tages stellte der belesene Praktiker fest, dass für ein Fernsehen, das den Namen verdient, „eigentlich fast alles betriebsbereit zur Verfügung stand". Es hatte nur zu vieles den Weg dorthin verstellt. Vor allem Nipkows flotte Scheibe: Die Mechanik war in der Praxis viel zu störanfällig, selbst theoretisch hätte sie ein Bild von nennenswerter Größe und Helligkeit nie wiedergeben können – auch von Ardenne hatte die enttäuschende Demonstration 1928 auf der großen deutschen Funkausstellung erlebt.

Solche engen prinzipiellen Grenzen sind einer Bildwiedergabe auf elektronischem Wege nicht gesetzt. Im Laboratorium hatte Manfred von Ardenne die Braun'sche Röhre längst zu einer immer leistungsfähigeren Elektronenstrahlröhre mit hellem, scharfem Brennfleck weiterentwickelt.

Und endlich kam dem 23-Jährigen die entscheidende Idee, wie auf elektronische Weise auch die Aufnahme bewegter Bilder erfolgen könne: mittels eines vom Leuchtschirm zeilenweise gesendeten Strahls, der von einer Fotozelle aufge-

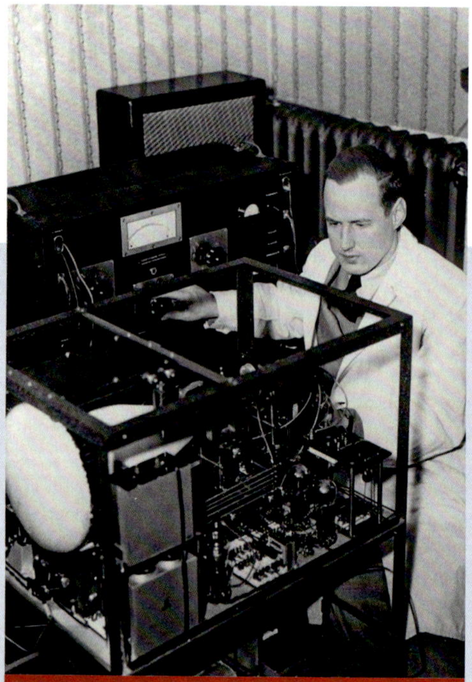

Manfred von Ardenne nimmt 1932 Messarbeiten an einem Fernsehempfangsgerät vor. Erst 20 Jahre später gab es in beiden Teilen Deutschlands erste landesweit ausgestrahlte Programme

Konrad Zuse vor einer der ersten komplett aus Transistoren bestehenden programmierbaren Rechenanlagen. Der Vorgänger Z3 von 1941 war der erste funktionstüchtige Computer überhaupt

Manfred von Ardenne	1930	Fernsehen (elektronisch, mit Bildröhre)
Erich Ruska u. a.	1931	Elektronenmikroskop
Hermann Kemper	1934	Magnetschwebebahn
Konrad Zuse	1936	„Computer" (programmierbare mechanische Rechenmaschine nach dem Binärsystem)
Hans-Joachim Pabst von Ohain	1937	Strahltriebwerk für das erste Düsenflugzeug
Paul Schlack	1938	Perlon

fangen wird, die das je nach seiner Helligkeit stärkere oder schwächere Signal über einen Verstärker an die Empfangsröhre weiterleitet.

Auch wenn dieser erste „Elektronenstrahl-Leuchtfleckbildabtaster" oder „Flying Spot Scanner" nur Schatten aufnehmen konnte, sich also vor allem zur Fernsehwiedergabe durchleuchteter Zelluloid-Filme eignete: Manfred von Ardenne übertrug am 14. Dezember 1930 die erste vollelektronische Fernsehsendung der Geschichte. Sie zeigte die Konturen einer hin und her bewegten Schere.

Doch war das nun eigentlich eine echte Erfindung? Wenn man Vorhandenes nur neu zusammenfügt? Seine Idee zum Flying Spot Scanner erschien von Ardenne „so einfach und naheliegend", dass er dafür nicht einmal ein Patent anmeldete. Nipkows Idee war vielleicht genialer. Aber das Fernsehen ist keine Scheibe. Seit Ardenne gucken wir in die Röhre. □

MANFRED VON ARDENNE, DER ERFINDER-BARON

Im Villenviertel Weißer Hirsch, hoch über **Dresden**, leben merkwürdige Menschen. Sie tun so, als gälten für sie die Gebräuche der Fontanezeit, und sind doch Staatsangehörige der DDR. So dünkelhaft wie furchtsam imitieren sie mit Hausmusik und den Versatzbrocken gebildeter Konversation eine vergangene Lebensart. So zeichnet es Uwe Tellkamp in seinem dicken Dresden-Roman **„Der Turm"** (2008) – und setzt die markante, selbstbewusste, auch ein wenig unheimliche Gestalt des „Baron Arbogast" dagegen: mit souveräner Tatkraft gibt der Adlige den einzigen wirklichen Bürger in dem eingebildeten Stadtteil.

„Baron Arbogast" ist natürlich **Manfred von Ardenne**. 1955 richtete er sein Institut in einer Villa in Dresden-Weißer Hirsch ein, erweiterte es bald und betrieb bis an sein Lebensende weiter, was er schon als Jugendlicher geliebt hatte: forschen und erfinden. Während seine Altersgenossen aufs Gymnasium gingen, meldete von Ardenne bereits Patente an. Präzision, Erfinderausdauer und gewitzte Reklame brachten ihn voran – in den USA schaffte er es schon 20-jährig auf die Titelseiten, als er **1927** für einen einzigen Pressetermin die teure Schiffspassage nach New York unternahm und dort gezielt seine Trümpfe ausspielte: brillantes Können, **blendendes Aussehen**, blutjung, Baron. Bald erfand oder verbesserte von Ardenne das **Fernsehen**, Elektronenmikroskope, Radar- und Nachtsichtgeräte. In anderer Hinsicht war er blind: Dem Nazi-Postminister trug er vor, welch enormes Potenzial die Nutzung der Kernenergie berge. In seinem Labor wurden Isotopen getrennt, eine Voraussetzung für die Kernspaltung. Nicht abwegig, dass mit der Beteiligung des Praktikers Ardenne gelungen wäre, was die Theoretiker Heisenberg und von Weizsäcker für unmöglich hielten: die **Atombombe**. An deren Bau Manfred von Ardenne nach dem Weltkrieg in der **Sowjetunion** beteiligt war – und somit, wenn auch kaum aus politischer Weitsicht, die Grundvoraussetzung mitschuf für jene 40 Jahre Frieden und Wohlstand, die Europa, vor allem der Frontstaat Westdeutschland, dem militärischen Patt der Weltmächte zu verdanken hatte.Ardennes Lohn: sein **privates Institut**, das er weitgehend unbehelligt von der DDR-Bürokratie führen konnte und in dem an so unterschiedlichen Dingen wie Ultramikroskopen und Krebstherapie geforscht wurde. Manfred von Ardenne starb **1998**, 91 Jahre alt.

Artur Fischer begeisterte Handwerker und Hobbybastler mit seinem Plastikdübel. In diesem Futter wagt keine Schraube mehr zu wackeln

Gerhard Falk	Walter Linderer	Béla Barényi	Artur Fischer	Felix Wankel	Jürgen Dethloff, Helmut Göttrup	Karlheinz Brandenburg u. a.
1948	1951	1952	1958	1958	1969	1987
Patentfaltung für Stadtpläne	Airbag	Knautschzone im Auto	Spreizdübel	Wankelmotor	Chipkarte	MP3-Format

DER OSTEN

Kurzwellenlicht schafft neue Mikrochips, luftleerer Raum rettet alte Meisterwerke und Schall sorgt für Stille – die Fraunhofer-Gesellschaft ist die größte Organisation für angewandte Forschung in Europa

WINZIGE EINHEIT
Im Fraunhofer-Institut für Angewandte Optik und Feinmechanik in Jena wird dieser Hohlspiegel aus kristallinem Silicium benutzt, um mit extrem kurzwelligem Licht zu experimentieren. Denn: Je kürzer die Wellenlänge des Lichts, desto feiner die Strukturen von Prozessoren und Leiterbahnen. Das Ziel der Forschung: eine neue, leistungsfähigere Generation von Computerchips

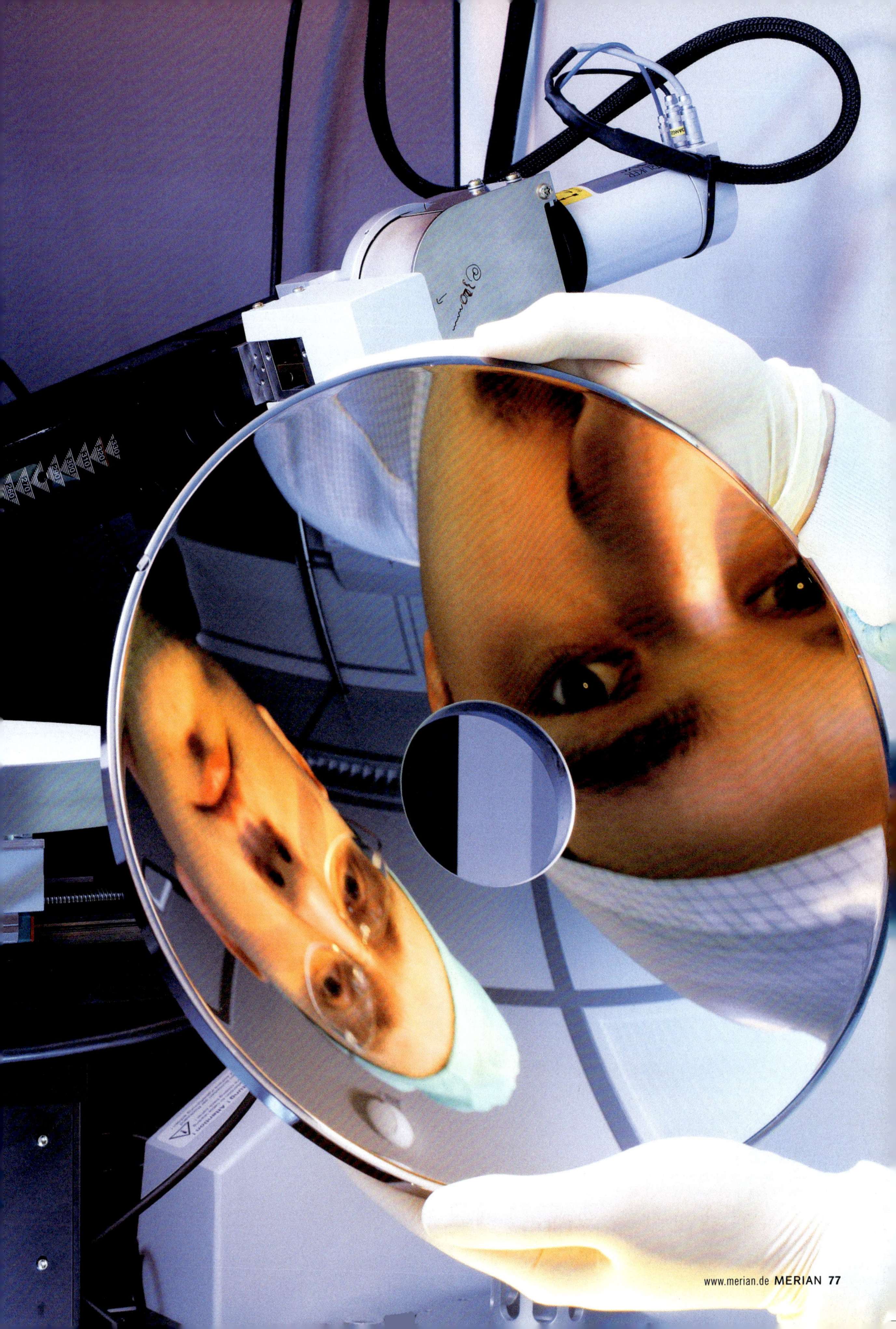

LANGES LEBEN
Um die Haltbarkeit von Dampfturbinenschaufeln zu erhöhen, wird mit einem Laserstrahl die Kante erhöht und damit gehärtet. Diese Anlage in Dresden ist einzigartig

FÜR INTERESSIERTE

Die Gesellschaft macht alle Forschungsergebnisse im Internet zugänglich: Dutzende spannende Projekte sind dort beschrieben! Auf Messen und Veranstaltungen wird das Wissen vertieft. Mehr unter: Tel. (089) 1205-1399 oder www.fraunhofer.de

GROSSE KUNST
Experten des Instituts für Elektronenstrahl- und Plasmatechnik haben eine spezielle Vakuumtechnologie entwickelt, um die Verspiegelung des Juwelenzimmers im Grünen Gewölbe in Dresden möglichst originalgetreu zu rekonstruieren

FRAUNHOFER-INSTITUTE CHEMNITZ/DRESDEN

Mit Lärm Ruhe schaffen

Windenergie hat Zukunft, doch das Rattern der Windräder kostet Anwohner Nerven. Ingenieure haben jetzt die Lösung

Sonntags wackelten die Wände des Hauses von Terry Covell nie. Sonntags hatte die damals größte Windmühle der Welt, in deren Nähe Terry Covell wohnte, Zwangspause. Der Gigant auf dem 1355 Meter hohen Howard's Knob im US-Staat North Carolina war ein Prüfstand, auf dem vor 30 Jahren der Wind als Energiequelle getestet wurde. Und auf alles waren die Konstrukteure gefasst – nur nicht auf den ohrenbetäubenden Lärm der Windmühlenflügel und auf die Schwingungen, die Häuser erbeben ließen. Der heimtückische Nebeneffekt machte die Fachleute ratlos. Das einzige, wozu sie sich damals entschlossen: Sie ließen die Anlage nur werktags laufen.

Der Test-Riese in North Carolina hatte keine Zukunft, wohl aber die Windenergie. Sie entwickelte sich zum bedeutenden Wirtschaftsfaktor, und auf diesem Gebiet ist Deutschland Marktführer. Doch noch immer regt sich Widerstand: Da ist der Lärm, den die rotierenden Monster verursachen, sowie das enervierende Blinken der Rotoren. Die „Verspargelung“ der Republik wird kritisiert und die Gefahr für Zugvögel heraufbeschworen.

Rattern und pfeifen Windräder zu laut, müssen sie abgebremst werden, erzeugen dann aber weniger Energie. Was aber tun gegen lärmende Rotorblätter und Zahnräder, die Schwingungen im Getriebe hervorrufen, welche an den Turm des Windrades weitergeleitet und von dort großflächig abgestrahlt werden? Wer in der Nähe wohnt, ärgert sich über ein endloses Brummen. Das kann einen verrückt machen, „wie das Summen einer Mücke“, die einem ständig um den Kopf schwirrt, sagt André Illgen, einer von 300 wissenschaftlichen Mitarbeitern an dem Fraunhofer-Institut für Werkzeugmaschinen und Umformtechnik (IWU) in Chemnitz und Dresden. Es ist eine von etwa 80 Wissenschaftseinrichtungen der Fraunhofer-Gesellschaft, der größten Organisation für angewandte Forschung in Europa. Namensgeber ist Joseph von Fraunhofer, der um die Wende zum 19. Jahrhundert als Glasschleifer-Lehrling begann und eine glänzende Karriere als Physiker und Konstrukteur leistungsstarker Fernrohre machte.

15 000 Mitarbeiter sind es inzwischen, die in Fraunhofers Namen täglich tüfteln. Zu einem Drittel finanziert die öffentliche Hand den Forschungsetat von 1,4 Milliarden Euro, der Rest wird mit direkten Aufträgen der Länder und aus der Industrie generiert. „Zukunft braucht Forschung“, sagt Hans-Jörg Bullinger, Präsident der Fraunhofer-Gesellschaft.

Wenn, was immer wieder vorkommt, bei einer Windkraftanlage die Dezibelwerte über die zulässigen Schallemission hinausschießen, muss aufwendig und teuer nachgerüstet, in manchen Fällen das gesamte Getriebe ausgetauscht werden. Doch die dann eingebauten Dämpfungssysteme lassen die Strommühlen nicht völlig verstummen. Die nachträgliche Schallisolierung schluckt nur Geräusche einer bestimmten Frequenz. Da die modernen Windkraftanlagen jedoch ihre Drehzahl der Windstärke anpassen, um möglichst viel Strom aus der Luftströmung abzuzapfen, verändert sich auch ständig die Lärmfrequenz – die Anlage gibt keine Ruhe.

Zusammen mit Ingenieuren einiger Spezialfirmen haben die Experten von IWU jetzt erfolgreich eine Apparatur entwickelt, die laute Windräder zum Schweigen bringt. „Sie reagiert selbständig auf den Frequenzwechsel und dämpft Geräusche – egal wie schnell sich die Anlage dreht“, sagt André Illgen. Und so funktioniert der „Tilger“, wie ihn die Konstrukteure nennen: Sein Herzstück sind so genannte Piezo-Aktoren. Diese wandeln elektrischen Strom in mechanische Bewegung um und erzeugen so eine Art Gegenlärm, der die Schwingungen des Windrades gleichsam auflaufen lässt und auslöscht – „Antischall“ tilgt Schall. Doch die Piezo-Aktoren müssen quasi mitdenken, ehe sie handeln. Dafür sind Fühler eingebaut. Sie erfassen fortlaufend die wechselnden Schwingungen, die im Getriebe entstehen, und je nach Messwert reagieren dann die Aktoren.

Im Institut haben die IWU-Wissenschaftler eine solche Apparatur aufgebaut und getestet – mit sehr gutem Ergebnis. An einem Kran hängt ein Rüttler, der eine rechteckige Eisenplattform in Schwingungen versetzt, wie sie bei Windturbinen auftreten. Der Tilger in der Mitte der Plattform muss dann diesen Lärm machenden rhythmischen Bewegungen entgegenwirken.

Jetzt steht der nächste Akt bevor: Der Tilger muss raus aus dem Labor und sich an einem Kraftwerk in freier Windbahn bewähren. Dem Bundespräsidenten Horst Köhler hat das IWU seine Entwicklung schon vorgeführt. Der erste Mann im Staate staunte, als ihm im Schloss Bellevue demonstriert wurde, wie man Lärm mit Lärm ersticken kann. Einen Markt wird es für den Tilger ganz bestimmt geben bei derzeit allein in Deutschland installierten 20 000 Windkraftanlagen.

Und hätte es vor 30 Jahren den Tilger von IWU schon gegeben – Terry Covell hätte seine Ruhe gehabt. □

TIPPS IM OSTEN

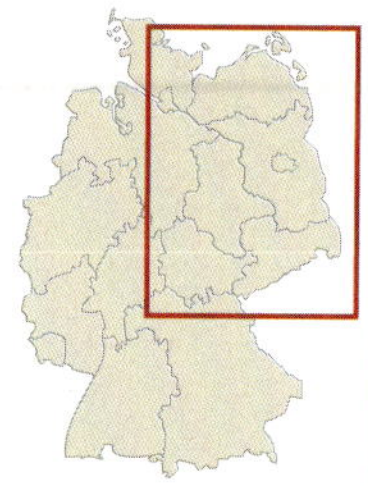

Stein, Kohle, Eisen, Stahl: eine Reise in die Vergangenheit der Schwerindustrie

MECKLENBURG-VORPOMMERN

Otto-Lilienthal-Museum

Anklam (H 2) Ein Museum über den Traum vom Fliegen. Dokumentiert wird, wie sich aus der Ikaruslegende das Flugzeug entwickelte. Viele Flugapparatekonstruktionen Lilienthals und seine Experimente werden gezeigt. Einige Versuchsapparate sind zum Ausprobieren.
Tel. (039 71) 24 55 00
www.lilienthal-museum.de

Historisch-Technisches Informationszentrum

Peenemünde (H 2) Die Geschichte der Heeresversuchsanstalt Peenemünde, insbesondere der dort zwischen 1936 und 1945 entwickelten Raketen und Flugkörper, wird hier dokumentiert.
Tel. (03 83 71) 50 50
www.peenemuende.de

Schiffbau- und Schifffahrtsmuseum

Rostock (F/G 2) Vom Bau des slawischen Einbaumes bis hin zur modernen Fertigung von stählernen Frachtschiffen: Das Museum erläutert die Geschichte des Schiffbaus, der Schwerpunkt liegt auf der Darstellung des Schiffbaus in der DDR.
Tel. (03 81) 12 83 13 64
www.schifffahrtsmuseum-rostock.de

Mecklenburgisches Eisenbahn- und Technikmuseum

Schwerin (F 3) Leihgaben des DB-Museums Nürnberg ergänzen die inzwischen recht umfangreiche eigene Sammlung.
Tel. 0171 68 166 57
www.mef-schwerin.de.vu

Schleifmühle

Schwerin (F 3) Das technische Kulturdenkmal wurde 1985 zu einer musealen Schauanlage ausgebaut und zeigt Besuchern heute, wie man im 18. Jahrhundert mithilfe von Wasserkraft Steine beschliff.
Tel. (03 85) 56 27 51
www.schleifmuehle-schwerin.de

Deutsches Meeresmuseum

Stralsund (G 2) Im Ozeaneum werden in über 30 Aquarien 7000 lebende Tiere in einer den Ozeanen nachempfundenen Umwelt gezeigt. Zum Deutschen Meeresmuseum gehören außerdem das Nautineum und das Natureum. Das Nautineum widmet sich den Themen Fischerei, Meeresforschung sowie dem Schiffbau in Stralsund und der Schifffahrt auf Ostsee und Bodden. Das Natureum ist die Außenstelle des Meeresmuseums Stralsund am Darßer Ort.
Tel. (038 31) 265 06 10
www.meeresmuseum.de

BERLIN (H 4/5)

Museum im Wasserwerk

Das Museum ist in einem Teil des stillgelegten Wasserwerks untergebracht. Der Besucher erlebt Natur, historische Architektur, Technik und museale Darstellung am originalen Standort. Als besonders sehenswert gilt die Maschinenhalle mit einer funktionstüchtigen Dampfmaschine vom Ende des 19. Jahrhunderts (die heute von einem Elektromotor angetrieben wird).
Tel. (030) 86 44 76 95
www.museum-im-wasserwerk.de

Deutsches Technikmuseum

Aus dem 1983 unter dem Namen Museum für Verkehr und Technik eröffneten Haus wurde 1996 eine Institution mit über 100 technischen Sammlungen. Auf 25 000 Quadratmetern Ausstellungsfläche widmen sich ständige Schauen Themen wie Luft- und Raumfahrt, Schifffahrt, Schienenverkehr, Produktions-, Textil-, Rechen-, Automations-, Nachrichten-, Schreib-, Druck-, Papier- und Energietechnik.
Tel. (030) 90 25 40, www.sdtb.de

Adlershof – Stadt für Wissenschaft, Wirtschaft und Medien

Der moderne Wissenschafts- und Technologiepark beherbergt 410 Firmen, darunter auch Forschungseinrichtungen wie das Fraunhofer-Institut und der mathematisch-naturwissenschaftliche Standort der Humboldt-Universität. Regelmäßig finden hier Ausstellungen und Vorträge statt.
Tel. (030) 63 92 22 47
www.adlershof.de

BRANDENBURG

Museum Baruther Glashütte

Baruth (H 5) In der Glashütte wurden im 19. Jahrhundert unter anderem weiße Lampenschirme hergestellt, die auf

Im Schiffshebewerk in Niederfinow werden Kähne, die auf dem Oder-Havel-Kanal unterwegs sind, 36 Meter hoch geliftet

der ersten Weltausstellung in Paris präsentiert wurden und dort wegen ihrer gleichmäßigen Lichtstreuung Aufsehen erregten. Die Glasproduktion wurde bereits 1980 eingestellt. Heute ist Glashütte eine denkmalgeschützte Siedlung, zu der über 30 Gebäude gehören. An einer kleinen Glaswanne können Besucher erste Erfahrungen im Umgang mit heißem Glas machen.
Tel. (03 37 04) 980 90
www.museumsdorf-glashuette.de

Industriemuseum Brandenburg

Brandenburg an der Havel (G 5)
Hier ist der letzte Siemens-Martin-Ofen zu bestaunen, ein Monument der Industriegeschichte, dessen Technologie über 100 Jahre die Stahlherstellung bestimmt hat.
Tel. (033 81) 30 46 46
www.industriemuseum-brandenburg.de

Brikettfabrik Louise

Domsdorf (H 6) Die älteste vollständig erhaltene Brikettfabrik Europas wurde 1882 in Betrieb genommen und 1991 stillgelegt. Ein Jahr später wurde sie zum Technischen Denkmal erklärt und restauriert. Bei „Louise" lernt man auf Führungen alle Zusammenhänge der Kohleveredlung kennen. Das Besondere sind die alten Maschinen, z. T. aus dem 19. Jh., die immer noch funktionieren. Trockner rotieren hier, Siebe rütteln und Pressen stampfen.
Tel. (03 53 41) 940 05
www.brikettfabrik-louise.de

Feuerwehr- und Technikmuseum

Eisenhüttenstadt (J 5)
Die ständige Ausstellung zeigt Geräte zum Feuerlöschen aus dem 16. bis zum 20. Jahrhundert. Eindrucksvoll sind die ausgestellten Löschfahrzeuge mit ihren Leiteraufbauten.
Tel. (033 64) 282 43
www.museen-brandenburg.de

Brandenburgisches Textilmuseum

Forst/Lausitz (J 6) Das Brandenburgische Textilmuseum Forst ist ein Technikmuseum, das 1995 in einer stillgelegten denkmalgeschützten Tuchfabrik seine Pforten öffnete. Vom Faserrohstoff bis zum fertigen Tuch wird die Produktion auf einem kompletten Satz historischer Maschinen simuliert. In der Schauwerkstatt kann außerdem der gesamte handwerkliche Prozess der Tuchherstellung vom Spinnen, Spulen, Schären und Weben betrachtet und in Teilen auch ausprobiert werden. Auf dem Freigelände und in den Remisen sind Walken, Waschmaschinen und Wäscherollen zu besichtigen.
Tel. (035 62) 973 56
www.textilmuseum-forst.de

Internationale Bauausstellung Fürst-Pückler-Land

Großräschen (H 6) Noch bis 2010 findet in der Lausitz die IBA Fürst-Pückler-Land statt – ein Zukunftsprogramm für die ehemalige Bergbauregion, aus der Zug um Zug eine einmalige Seenlandschaft wird. Zu sehen sind Yachthäfen und schwimmende Häuser in gefluteten Tagebaugruben und eine teils modern wieder aufgebauten Burganlage.
Ein Besucherzentrum wurde bei den IBA-Terrassen in Großräschen eingerichtet.
Tel. (03 57 53) 26 10
www.iba-see.de

Sender- und Funktechnikmuseum

Königs Wusterhausen (H 5) Das als Wiege des Rundfunks in Deutschland geltende Gebäude des Museums beherbergt Exponate und Dokumente zur Geschichte der Funk- und Sendetechnik.
Tel. (033 75) 29 47 55
www.funkerberg.de

Technisches Denkmal Gaswerk

Neustadt/Dosse (G 4) Eines der letzten Gaswerke, das nach der klassischen Technologie aus Steinkohle in so genannten Retortenöfen Stadtgas erzeugte. Das Gaswerk wurde 1980 stillgelegt und gibt ein realistisches Bild der Technik um 1900.
Tel. (03 39 70) 511 87
www.museen-brandenburg.de

Schiffshebewerk Niederfinow

Niederfinow (H 4) 500 000 Menschen kommen jährlich, um die Konstruktion des Schiffshebewerks zu bestaunen. Schiffe, die auf dem Oder-Havel-Kanal unterwegs sind, überwinden dank dieses technischen Wunderwerks aus dem Jahr 1934 in fünf Minuten einen Höhenunterschied von 36 Metern. Die Schiffe werden in einem riesigen Trog schwimmend befördert.
Tel. (03 33 62) 20 47 17 74
www.schiffshebewerk-niederfinow.info

Museum Eisenhüttenwerk

Peitz (J 5) Schwerindustrie zum Anfassen. Das Eisenhütten werk gehört zu den wichtigsten Industriedenkmälern in Brandenburg.
Tel. (03 56 01) 220 80
www.peitzer-huettenwerk.de

Museum Kraftwerk Plessa

Plessa (H 6) Das 1926 erbaute Kraftwerk gilt als das älteste in seiner Art erhaltene Braunkohlekraftwerk Europas. Eine Führung durch das Kraftwerk stellt die gesamte Industrieanlage vor: den Außenbunker mit Platten-Förderband, den Becherketten-Förderer, den 3-Trommel-Steilrohrkessel mit Mulden- oder Schwingrostfeuerung, die Kondensations-Turbine, den 8 MW-Generator, die komplette Schalthausanlage, den Dampfkondensator, den Kühlturm und

Besucher im Erlebnisbergwerk Merkers erfahren, was es bedeutet, als Bergmann mehrere hundert Meter unter der Erdoberfläche zu arbeiten

die 115 Meter hohe Schornsteinanlage.
Tel. (035 33) 607 20
www.kraftwerk-plessa.de

Berliner S-Bahn-Museum

Potsdam (G 5) Von der Fahrkarte bis zum Fahrplan, vom Signal bis zum Stellwerk – hier wird alles über die wechselhafte Geschichte der S-Bahn im Ost- und Westteil von Berlin erzählt.
Tel. (030) 63 49 70 76
www.s-bahn-museum.de

Optik Industrie Museum

Rathenow (G 4) Besonders interessante Exponate der Ausstellung – alle aus Rathenower Produktion – sind das weltweit erste Weitwinkelobjektiv, das Linsensystem für den Leuchtturm in Warnemünde und eine Nachbildung der berühmten Vielschleifmaschine Johann August Heinrich Dunckers aus dem Jahre 1801.
Tel. (033 85) 51 90 30
www.oimr.de

Museumspark Rüdersdorf

Rüdersdorf (H 4) Das große Freilicht-Industriemuseum, veranschaulicht die Gewinnung und Verarbeitung von Kalkstein aus dem Rüdersdorfer Abbaugebiet. Neben Führungen durch die Denkmallandschaft des Tagebaus gibt es zahlreiche Attraktionen für Kinder und Jugendliche, darunter etwa eine Mosaikwerkstatt und ein Bildhaueratelier.
Tel. (03 36) 387 74 45
www.museumspark.de

SACHSEN

Museum Frohnauer Hammer

Annaberg-Buchholz (G 7) Schon im Jahr 1657 erhielt die Anlage ihre heutige Gestalt. Der Frohnauer Hammer blieb bis 1904 in Betrieb. Der dunkle Innenraum wird beherrscht durch die drei zentnerschweren Hämmer, die durch Wasserkraft betrieben werden und mit denen früher Werkzeuge für Bergbau und Landwirtschaft hergestellt wurden. Die Besucher erhalten einen Einblick in Arbeitsweise des 17. Jahrhunderts. Zum Führungsrundgang gehören u. a. eine Eisenbearbeitungswerkstatt aus dem Jahre 1840.
Tel. (037 33) 220 00
www.annaberg-buchholz.de/hammer.htm

Motorrad-Museum

Augustusburg – Schloss (H 7) Die Dauerausstellung bietet mit 130 Exponaten auf einer Ausstellungsfläche von 500 Quadratmetern einen umfassenden Überblick über die 100-jährige Geschichte des Motorrades. Die Abteilung Zweitaktmotorräder / Zschopauer Motorradbau ist lohnenswert.
Tel. (03 72 91) 380 18
www.die-sehenswerten-drei.de

Sächsisches Industriemuseum

Chemnitz (G 7) Motorentechnik wird hier en detail aufbereitet. Zu sehen sind Verbrennungsmotoren und Wankel-Motoren, Maschinen, deren Erzeugnisse sowie Unternehmerporträts. Auch die Zinngrube Ehrenfriedersdorf, ein Besucherbergwerk, die Energiefabrik Knappenrode sowie das Westsächsische Textilmuseum Crimmitschau werden von hier geleitet.
Tel. (03 71) 367 61 40
www.saechsisches-industriemuseum.de

Technische Sammlungen der Stadt Dresden

Dresden (H 7) In einer ehemaligen Fabrik für Photographische Apparate in Striesen wird auf etwa 3000 Quadratmetern eine umfangreiche technische Sammlung gezeigt. Schwerpunkt der Ausstellung sind Themen wie Informations- und Kommunikationstechnologie.
Tel. (03 51) 488 72 72
www.tsd.de

Gläserne Manufaktur

Dresden (H 7) Hier wird der Phaeton von VW in Handarbeit gefertigt. Werkstruktur und Herstellungsprozesse können Besucher während einer Werksbesichtigung kennenlernen.
Tel. 018 05 89 62 68
www.glaesernemanufaktur.de

Museum Kalkwerk Lengefeld

Lengefeld (H 7) Das Technische Denkmal Museum Kalkwerk Lengefeld ist eines der am bes-

ten erhaltenen und bedeutendsten Beispiele für die alte Bindemittelindustrie in Europa. Das Museum wurde 1986 eröffnet, derzeit können vier komplett erhaltene Brennöfen, Kalkmühle, Kaue und Förderschachtgebäude sowie Bergbaugeräte und Bergbaumaschinen besichtigt werden. Verschiedene Ausstellungen informieren über die Geschichte des Kalkabbaus, der Branntkalkindustrie sowie Leben und Arbeit der Kalkwerker. Eine kleine Ausstellung informiert über die Einlagerung Dresdner Kunstschätze 1945 untertage.
Tel. (03 73 67) 22 74
www.lengefeld.de/touristinfo/freizeit/museen.htm

Staatliche Porzellan Manufaktur Meissen

Meißen (H 6) In den Schauwerkstätten können die Herstellung und die in Handarbeit ausgeführte Bemalung der Objekte bestaunt werden. Die Schauhalle ist die umfangreichste Sammlung Meissener Porzellans von 1710 bis heute. Regelmäßig Sonderausstellungen.
Tel. (035 21) 46 87 00
www.meissen.de

Museum Saigerhütte

Olbernhau (H 7) Die Saigerhütte Olbernhau/Grünthal ist bauliches und technisches Zeugnis des Hüttenwesens der Buntmetallurgie. Der Hüttenbetrieb wurde 1537 zur Gewinnung von Silber aus silberhaltigem Schwarzkupfer gegründet.
Tel. (03 73 60) 733 67
www.saigerhütte.de

August Horch Museum

Zwickau (G 7) Das Museum beschäftigt sich mit der Geschichte des Automobilbaus in der sächsischen Industriestadt Zwickau. Es zeigt Prachtstücke wie den Horch Luxuswagen und den legendären Trabant.
Tel. (03 75) 27 17 38 12
www.horch-museum.de

SACHSEN-ANHALT

Industrie- und Filmmuseum Wolfen

Bitterfeld-Wolfen (G 6) Das Museum beschäftigt sich mit der Geschichte der Filmfabrik Wolfen, die durch die Firma Agfa und später dann ORWO geprägt wurde. Die Herstellung von Rohfilmen wird hier anhand von Originalmaschinen veranschaulicht. Sonderausstellungen zu historischer und zeitgenössischer Fotografie.
Tel. (034 94) 63 64 46
www.ifm-wolfen.de

Technikmuseum Hugo Junkers

Dessau-Roßlau (G 5/6) Auf dem Gelände der ehemaligen Junkers-Flugzeugwerke widmet sich das Museum seit 2001 folgenden Schwerpunktthemen: Leben und Wirken Hugo Junkers, Gasmotor, Kalorimeter, Gegenkolbenmotor, Ölmotor, Windkanal. Glanzstück der Ausstellung ist eine restaurierte Junkers Ju 52, die 1940 im Zweiten Weltkrieg im Hartvikvann bei Narvik (Norwegen) versank. Sie wurde 1986 wieder gehoben und gelangte im Austausch gegen eine MiG-21 1995 nach Dessau.
Tel. (03 40) 661 19 82
www.technikmuseum-dessau.de

Ferropolis

Gräfenhainichen (Dessau) (G 6) Die „Stadt aus Eisen" ist ein Museum und Veranstaltungsort nahe Gräfenhainichen – und liegt damit auf einer Halbinsel im ehemaligen Tagebau Golpa-Nord. Hier befinden sich fünf ausgediente Absetzer, Schaufelrad- und Eimerkettenbagger, jeder einzelne bis zu 130 Meter lang und 30 Meter hoch – 7000 Tonnen Industriegeschichte.
Tel. (03 49 53) 351 20
www.ferropolis-online.de

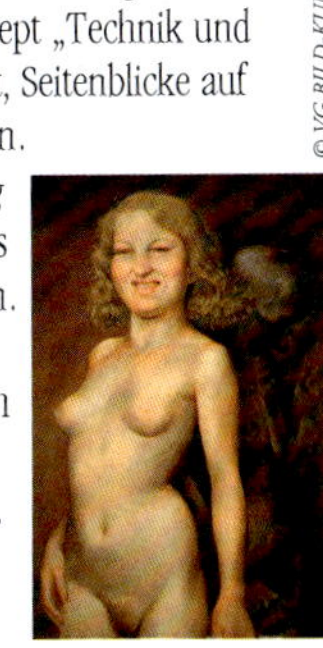

TIPPS IM OSTEN

Mansfeld-Museum
Hettstedt (F 6) Wo im 18. Jahrhundert der Politiker und Gelehrte Wilhelm von Humboldt mit seiner Frau lebte, zeigt heute ein Museum die geowissenschaftlichen, technik- und kulturgeschichtlichen Entwicklungen des Mansfelder Kupferschieferbergbaus.
Tel. (034 76) 20 07 53
www.mansfeld-museum-hettstedt.de

Technikmuseum Magdeburg
Magdeburg (F 5) Spannende Sammlungen aus den Bereichen Industrie und Handwerk, Landwirtschaft und Verkehrstechnik. Zu bestaunen sind Großexponate wie eine stationäre Dreschanlage, ein Hallenkran mit Kurvenfahrwerk sowie eine transmissionsbetriebene mechanische Werkstatt. Auch die Serienfertigung von Besteck und die Münzprägung wird hier anschaulich dargestellt.
Tel. (03 91) 622 39 06
www.technikmuseum-magdeburg.de

Wasserstraßenkreuz Magdeburg
Magdeburg (F 5) Im Oktober 2003 wurde nach knapp fünf Jahren Bauzeit die größte Wassersstraßenkreuzung Europas für den Schiffsverkehr freigegeben. Beim Bau der Kanalbrücke über die Elbe wurden 24 000 Tonnen Stahl und 68 000 Kubikmeter Stahlbeton verarbeitet. Führungen geben einen Überblick über die Hebewerks- und Schleusenkonstruktionen, Teilnehmer hören Interessantes über die Binnenschiffahrt und Anekdoten von Flusspiraten und Deichbauern.
Tel. (03 91) 662 84 82
www.wasserstraßenkreuz-magdeburg.de

Das Magdeburger Wasserstraßenkreuz ist das größte Europas, zwölf Kilometer Umweg bleiben Binnenschiffern dadurch erspart

THÜRINGEN

Historisches Glasapparatemuseum
Cursdorf (F 7/8) Dieses Museum für historische Gasentladungsröhren und physikalische Glasinstrumente demonstriert Physik anschaulich im wahrsten Sinne des Wortes. Besucher können hier die attraktiven Effekte der verschiedensten Röhren, darunter Geißler-Röhren, Crookes'sche Röhren und Röhren nach Greinacher selbst erleben. Selbstverständlich unter Beachtung aller heute gültigen Sicherheitsstandards.
Tel. (03 67 05) 620 70
www.infogr.ch/museum/default.htm

Optisches Museum der Ernst-Abbe-Stiftung
Jena (F 7) Faszinierende optische Instrumente, verschiedenste Geräte zur Augenuntersuchung, Mikroskope, Ferngläser und astronomische Instrumente, Fotoobjektive und Kameras, Guckkästen und Guckkastenbilder – all dies stammt aus Jena. Natürlich wird hier auch das Leben und Wirken von Ernst Abbe, Carl Zeiß und Otto Schott gewürdigt.
Tel. (036 41) 44 31 65
www.optischesmuseum.de

Erlebnisbergwerk Merkers
Merkers (E 7) Wer traut sich 500 bis 800 Meter tief unter die Erde? Alle, die mit „Ja" antworten, sind in diesem untertägigen Bergbaumuseum richtig. Einzigartig: die Kristallgrotte und der Goldraum. Auch Bergbaugroßgeräte werden vorgestellt.
Tel. (036 95) 61 41 01
www.erlebnisbergwerk.de

Feengrotten (Schaubergwerk)
Saalfeld (F 7) Bei den Feengrotten handelt es sich um ein ehemaliges Bergwerk. Aufgrund des eisen- und mineralreichen Milieus sind hier viele verschiedene Farben unter Tage anzutreffen, besonders bemerkenswert sind die weit über 100 Brauntöne. Der Name Feengrotte geht auf den Tropfsteinschmuck zurück, der an Feenhaar erinnert.
Tel. (036 71) 550 40
www.feengrotten.de

Neue Hütte
Schmalkalden (E 7) Auch hier sind der Bergbau und das in der Region früher übliche Hüttenwesen das zentrale Thema. Am Beispiel einer Nagelschmiede wird das Stahl verarbeitende Gewerbe erklärt.
Tel. (036 83) 40 30 18
www.thueringen.de/de/museen/schmalkalden/neuehuette/content.html

Fahrzeugmuseum Suhl
Suhl (E 7) Die Stadt hat eine hundertjährige Tradition im Fahrzeugbau. In diesem Museum werden mehr als 200 Ausstellungsstücke aus allen Bereichen des Fahrzeugbaus gezeigt. Einen besonderen Raum nimmt dabei der Suhler Motorsport ein, darunter der legendäre Greifzu-Rennwagen.
Tel. (036 81) 70 50 04
www.fahrzeug-museum-suhl.de

Gießerei Heinrichshütte
Wurzbach (F 8) Zu sehen gibt es die größte Dampfmaschine Europas, Heißluftmotoren, historische Öfen und Ofenplatten sowie ein altes oberschlächtiges Wasserrad.
Tel. (0366 52) 227 17
www.heinrichshuette-wurzbach.de

Bildnachweis

Anordnung im Layout:
l = links, r = rechts, o = oben,
u = unten, m = Mitte.

Titel: Thomas Ernsting
Alle Bilder Thomas Ernsting außer S. 3 lo Michael Müller, ro, ru Philip Koschel; S. 4 l Philip Koschel, S. 5 lo Polfotol/ullstein bild; S. 18 o Kaist, Zemblach/ ROBOlympics/RoboGames, u ERIH, S. 19 ro Rent a Scientist GmbH, u GFZ Deutsches GeoForschungs Zentrum, S. 20 lo Jochen Zick/Keystone, u Disney/ Egmont Ehapa Verlag GmbH; S. 30 o dpa/picture-alliance, u DER SPIEGEL Quelle CHE Consult; S. 32 FTI Group Ltd; S. 37 Lufthansa Technik AG; S. 40/41 Ude Cieluch/Alfred-Wegener-Institut, S. 41 ro Gert König-Langlo/Alfred-Wegener-Institut, S. 41 u Stefan Becker; S. 42/43 Klaus Bossemeyer, S. 43 Universum® Bremen, S. 44 Ingrid Fiebak-Kremer/ Meyer Werft GmbH; S. 66/67 Stadt Bochum, Presse und Informationsamt, S. 68 axlklein / dogtreatpix.com, S. 69 Wolfgang Steche; S. 70 Michael Sobotta/bpk, S. 71 l Friedrich/ ullstein bild, r Keystone Pressedienst/ullstein bild, S. 72 r dpa/picture-alliance, l Bettmann/CORBIS, S. 73 Friedrich/INTERFOTO, S. 74 r ullstein bild, l KEY-STONE, S. 75 fischerwerke; S. 80/81 euroluftbild.de/ Andia.fr, S. 82 Erlebnis Bergwerk Merkers/K+S Aktiengesellschaft, S. 84 euroluftbild.de/dpa-Report/picture-alliance; S. 94 Audi; S. 108-109 DaimlerChrysler AG (2); S. 113 dpa/picture-alliance; S. 130-137 Philip Koschel.

MERIAN dankt dem VDI für die Hilfe bei der Entstehung dieser Ausgabe.

MERIAN *extra*

Erstverkaufstag dieser Ausgabe ist der 06. 04. 2009
MERIAN erscheint monatlich im Jahreszeiten Verlag GmbH, Poßmoorweg 2, 22301 Hamburg
Telefon 040/27 17-0 **Anschrift der Redaktion:** Postfach 601728, 22217 Hamburg
Telefon 040/27 17-26 00, Fax 040/27 17-26 28, E-Mail: redaktion@merian.de
Leser- und Aboservice: Postfach 601220, 22212 Hamburg, Tel. 040/87 97 35 40, Fax 040/27 17-20 79
Syndication: www.jalag-syndication.de
GourmetPictureGuide: Stefanie Lüken, Telefon 040/27 17-20 02, Fax 040/27 17-20 89, www.gourmetpictureguide.de
Internet: www.merian.de

Chefredakteur: Andreas Hallaschka
Stellvertretender Chefredakteur: Hansjörg Falz
Art Directorin: Sabine Lehmann **Chef vom Dienst:** Tibor M. Ridegh **Textchefin:** Kathrin Sander
Redakteure: Charlotte von Saurma; Roland Benn, Marc Bielefeld, Thorsten Kolle, Jonas Morgenthaler (freie Mitarbeit)
Schlussredaktion: Tibor M. Ridegh **Layout:** Beke Jürgensen (freie Mitarbeit), Ingrid Koltermann (Schlussgrafik)
Bildredaktion: Katharina Oesten, Eva Ohms **Redakteure dieses Heftes:** Marc Bielefeld, Hansjörg Falz
Bildredakteurin dieses Heftes: Katharina Oesten
Kartographie: Peter Münch **Dokumentation:** Jasmin Wolf; freie Mitarbeit: Stefanie Plarre, Sebastian Schulin
Mitarbeit: Helmut Golinger, Beatrix Wegener
Herstellung: Karin Harder **Redaktionsassistenz:** Sabine Birnbach, Katrin Eggers
Geschäftsführung: Joachim Herbst, Dr. Jan Pierre Klage, Peter Rensmann, Hermann Schmidt
Verlagsleitung Premium Magazine: Oliver Voß
Group Head Anzeigen Premium Magazine: Roberto Sprengel **Anzeigenleitung:** Sabine Rethmeier
Anzeigenstruktur: Patricia Hoffnauer **Marketing:** Kenny Machaczek, Justus Hertle, Sonja Wünkhaus
Vertrieb: PSG PREMIUM SALES GERMANY GmbH, Poßmoorweg 2-6, 22301 Hamburg
Vertriebsleitung: Jörg-Michael Westerkamp (Zeitschriftenhandel), Frank H. Häger (Buchhandel)
Verantwortlich für den redaktionellen Inhalt: Andreas Hallaschka
Verantwortlich für Anzeigen: Roberto Sprengel

Verlagsbüros Inland: Hamburg: Tel. 040/27 17-25 95, Fax 040/27 17-25 20, E-Mail: vb-hamburg@jalag.de
Hannover/Berlin: Tel. 0511/85 61 42-0, Fax 0511/85 61 42-19, E-Mail: vb-hannover@jalag.de
Düsseldorf: Tel. 0211/901 90-0, Fax 0211/901 90 -19, E-Mail: vb-duesseldorf@jalag.de
Frankfurt: Tel. 069/97 06 11-0, Fax 069/97 06 11-44, E-Mail: vb-frankfurt@jalag.de
Stuttgart: Tel. 07 11/966 66-520, Fax 07 11/966 66 -22, E-Mail: vb-stuttgart@jalag.de
München: Tel. 089/99 73 89-30, Fax 089/99 73 89-44, E-Mail: vb-muenchen@jalag.de

Repräsentanzen Ausland:
Belgien/Frankreich: Adnative sarl, Tel. +33/1/53 64 88 90/91, Fax +33/1/45 00 25 81
E-mail: paris@adnative.net <mailto:imc@international.fr>
Großbritannien: Publicitas Ltd, Tel. +44/20/7592 8300, Fax 7592 8301, E-Mail: jeremy.butchers@publicitas.com
Österreich: Publimedia Internationale Verlagsvertretungen GmbH, Tel. +431/211 5342, Fax 212 16 02
E-Mail: andrea.kuefstein@publicitas.com
Schweiz: Publicitas International AG, Tel. +41/61/275 46-09, Fax 2754730,
E-Mail: basel-international-magazines@publicitas.com
Italien: Media & Service International Srl, Tel. +39 02/48 00 61 93, Fax +39 02/48 19 32 74,
E-Mail: info@it-mediaservice.com
Spanien: Alcalá Media International Media Representations, Tel. +34/91/3269106, Fax +34/91/3269107,
E-Mail: m.vandereb@alcalamedia.com
Dänemark: über Verlagsbüro Hamburg
Niederlande: über Verlagsbüro Düsseldorf
Luxemburg: über Verlagsbüro Frankfurt

Die Premium Magazin Gruppe im Jahreszeiten Verlag

A&W Architektur & Wohnen · COUNTRY · DER FEINSCHMECKER · WEIN Gourmet · MERIAN

Gültige Anzeigenpreisliste: Nr. 40 a

Preis im Abonnement im Inland monatlich 6,79 € inklusive Zustellung frei Haus. Der Bezugspreis enthält 7% Mehrwertsteuer.
Auslandspreise auf Nachfrage. Postgirokonto Hamburg 132 584 201 (BLZ 200 100 20)
Commerzbank AG, Hamburg, Konto-Nr. 611657800 (BLZ 200 400 00)
Führen in Lesemappen nur mit Genehmigung des Verlages. Printed in Germany

Weitere Titel im Jahreszeiten Verlag: Für Sie, petra, vital, PRINZ, A&W Architektur & Wohnen, COUNTRY,
DER FEINSCHMECKER, WEINGourmet, schöner reisen, Zuhause Wohnen, selber machen
Litho: Alphabeta Druckformdienst GmbH, Hamburg. Druck und Verarbeitung: heckel GmbH, Nürnberg,
ISBN: 978-3-8342-0913-9, ISSN 0026-0029 MERIAN (USPS No. 011-458) is published monthly.
The subscription price for the USA is $ 110 per annum. K.O.P.: German Language Publications, Inc.,
153 South Dean Street, Englewood NJ 07631. Periodicals postage is paid at Englewood NJ 07631,
and at additional mailing offices. Postmaster: send address changes to: MERIAN,
German Language Publications, Inc. 153 South Dean Street, Englewood NJ 07631.

JAHRES ZEITEN VERLAG
Ein Unternehmen der
GANSKE VERLAGSGRUPPE

TEXT: MARC BIELEFELD, FOTOS: THOMAS ERNSTING

Operation

Die Suche nach

Ab in die Backstube: Im Wärmeauslagerungsofen bei Audi im Aluminium- und Leichtbau-Zentrum Neckarsulm wird die Aluminiumkarosserie eines R8 bei 185 Grad Celsius gehärtet. Temperaturfühler überprüfen die gleichmäßige Aufheizung, um die optimale Festigkeit zu erhalten

Es soll schön und schnell sein. Sparsam und leise. Sicher und klug. Kann ein Auto die immer höheren Anforderungen des Markts überhaupt erfüllen? In den geheimen Werkshallen von Audi forschen die Ingenieure unermüdlich nach der bestmöglichen Antwort

Effizienz

dem perfekten Auto

Unter der Lupe: In der Abteilung für Messtechnik wird geprüft, ob die einzelnen Teile eines Aluminium-Großgußteils exakt gefertigt sind. Durch seine Wabenkonstruktion ist der Träger leicht, aber sehr robust

Leicht

und stabil soll die Karosserie sein, perfekt wie die Knochen des Menschen

Intelligent

muss der Motor konzipiert sein, sparsam, kraftvoll und wohlklingend

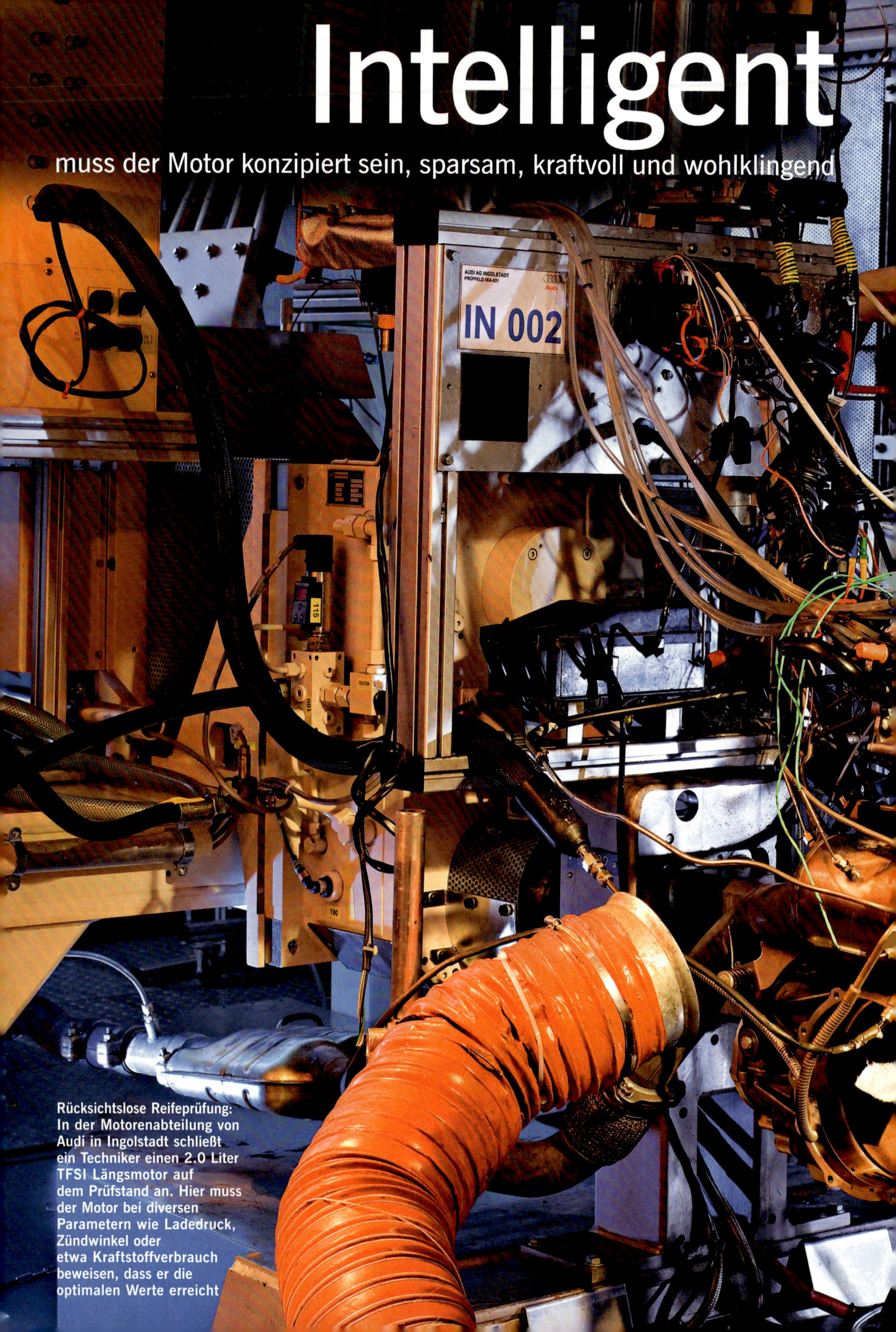

Rücksichtslose Reifeprüfung: In der Motorenabteilung von Audi in Ingolstadt schließt ein Techniker einen 2.0 Liter TFSI Längsmotor auf dem Prüfstand an. Hier muss der Motor bei diversen Parametern wie Ladedruck, Zündwinkel oder etwa Kraftstoffverbrauch beweisen, dass er die optimalen Werte erreicht

Drucklos betreiben

Vollautomatischer Ablauf: In der Halle für den TT-Karosseriebau läuft die Fertigung wie von selbst. Roboter, Transportbänder und Computer haben die Arbeit übernommen

Es hat vier Räder, ein Lenkrad und einen Motor. Es besitzt Türen, Sitze, Schaltung. Es befördert Personen. Bei der Benennung haben wir das Griechisch-Lateinische bemüht: Automobil. Das bedeutet so viel wie das „sich selbst Bewegende". Der Mensch nutzt das Ding mit Vorliebe. Täglich rollen weltweit eine Milliarde Autos über die Straßen. Doch das Auto ist mehr als ein Fortbewegungsmittel. Es ist eine Multi-Milliarden-Dollar-Maschine, Motor des Fortschritts, einer der größten Arbeitgeber auf dem Planeten, ein Politikum. Das Auto ist aber auch Traumvehikel, Statussymbol, es ist die ultimative Alternative zum Pferd. Das Auto hat die Welt verändert.

In dem Raum, in dem über die automobile Zukunft nachgedacht wird, stehen viele Aktenordner, zwei Palmen, ein Computer. An der Wand hängt ein Poster mit diversen Motorteilen, Kolben, Turboladern, Querschnitten. Es ist das Büro von Axel Eiser, 48, Diplom-Ingenieur und Leiter der Abteilung für Ottomotorenentwicklung bei Audi in Ingolstadt. Herr Eiser trägt an diesem Donnerstag ein Jacket und einen weinroten Rolli. Sein Job bringt eine gewisse Verantwortung mit sich. Eiser ist einer der Vordenker, die an den Fäden ziehen, an denen das Schicksal dieses verrückten Dings hängt, das wir Auto nennen.

Es sind keine einfachen Zeiten. Es sind Zeiten, in denen Herr Eiser und seine Kollegen eine harte Nuss zu knacken haben. Sie sind zuständig für den Motor, Herz eines jeden Autos. Und nun sollen sie zusehen, wie dieser mehr Fahrleistung bringt – dabei aber immer sparsamer wird. Dafür wollen sie Grenzen niederreißen, den CO_2-Ausstoß für obere Mittelklassewagen auf unter 129 Gramm pro Kilometer senken. Kann das gehen? Es muss. Parallel

Die Lösung versteckt sich in Tausenden von Puzzleteilen und Hunderten von Komponenten

sind ständig Alternativen zu prüfen, Elektroantriebe, Erdgas, Biokraftstoffe der zweiten Generation, alles in allem eine ziemlich komplizierte Sache.

Doch wie sieht er aus, der bestmögliche Ottomotor? „Effiziente Motoren müssen Fahrspaß und Tankspaß bringen", sagt Eiser; er meint damit das Möglichmachen des nahezu Unmöglichen. Die Motoren müssen kraftvoll sein, dabei kostengünstig, sie müssen außerdem den Kundenwünschen entsprechen, leise sein, aber dennoch gut klingen, sonst begeistern sie nicht. Sie müssen Tausende von Richtlinien erfüllen, lange halten, obendrein sollen sie der Infrastruktur gerecht werden, Tankstellen, Service, Wartung, und vor allem: die Umwelt, die Umwelt.

Der Job Eisers und seines Teams ist es, die Technik minutiös dem Markt anzupassen. Dabei die Technologierichtung der Zukunft zu erahnen, zu finden. Es ist das Optimieren an einer nie ruhenden Optimierungsbaustelle, man muss dafür mindestens ein Detailfanatiker sein, dazu Visionär, Erfinder, Spezialist, Ingenieur und ein wenig Philosoph. Das alles in einem.

Die Entwicklung eines neuen Motors kostet viel Geld. Sie dauert Jahre und verschlingt allein für eine Motorfamilie mehrere 100 Millionen Euro. Herr Eiser scrollt auf dem Laptop. Die Zeiten der Blaumänner und Ölkännchen sind freilich vorbei, Eiser konzipiert längst in virtuellen Universen, Statistiken, Grafiken, fluide 3-D-Simulationen, vom Ventil bis zur Einspritzdüse.

Herr Eiser ist ein wichtiges Rädchen im großen Getriebe. Und er hat das Schlagwort längst genannt. Das Schlagwort regiert gnadenlos und ist das Ziel des ganzen Spiels, das alles andere als ein Spiel ist. Das Schlagwort lautet: Effizienz. Audi schreibt dieses Wort in Großbuchstaben, in den Denketagen, im Firmensitz Ingolstadt, in Neckarsulm, in den weltweiten Werken und Vertriebszentralen. Das Auto muss effizient sein, so effizient, wie es nur geht. Das gilt für den Motor, fürs Getriebe, fürs Fahrwerk und für jedes Schräubchen, für alles.

Das Wort Effizienz entstammt dem Lateinischen *efficere* – machen, tun, entstehen lassen. Genau dies tun in der Audi Aggregateentwicklung 770 Ingenieure, die permanent denken, konzipieren, simulieren. Die Prototypen konstruieren und diese auf den Prüfständen foltern. Ein Hightech-Job mit dem einen Ziel: Bei Audi soll das perfekte Auto entstehen.

Herr Eiser geht voraus. In die heiligen Hallen, kein Unbefugter hat hier Zutritt, Mitarbeiter müssen die Fotohandys abgeben. Er betritt die Motorenversuchshalle, hier entstehen die streng geheimen Vorserienmodelle. Dutzendweise werden blanke Motoren auf Rollwagen in die Testabteilungen bugsiert, bestückt mit rosa Zetteln und bandwurmlangen Codes. Ein Vier-Zylinder-Turbo mit offener Turbine thront auf einem Prüfstand, daneben Techniker an Flachbildschirmen. In Regalen lagern Teile, Gleitlager von Kurbeltrieben, Kolben, Brennkammern; hunderte Komponenten, die gezielte Tests und wochenlange Stressprogramme überleben müssen.

All diese Puzzleteile sind es, in denen sich die Lösung versteckt. Doch die Revolution wird nicht von einem Tag auf den anderen eintreten. „Der Hype um alternative Antriebe, das Ringen um ein wirklich sinnvolles neues System wird sich noch sehr lange hinziehen", sagt Herr Eiser. „Vielmehr sind wir momentan dabei, an vielen Schräubchen zu drehen, die Details zu verbessern, um optimale Ergebnisse zu erzielen." Direkteinspritzung, Reibungsoptimierung, Thermo- und Energiemanagement, Aufladung, Downsizing, Downspeeding: Dies sind die Zauberwörter der Motorpäpste, und oben auf der Liste prangen diese Buchstaben – TFSI. Sie stehen für die Benzin-Direkteinspritzung mit Turboaufladung, Audi war der weltweit erste Hersteller, 2004 das Debüt. TFSI ist zwar nur eine von mehreren Technologien, um die Motoren noch besser zu machen, aber eine vielseitige und sehr erfolgreiche.

Im Jahr 2000 verbrauchte ein Audi A4 mit 150 PS noch 8,3 Liter bei einer CO_2-Emission von 199 g/km. Mit TFSI sehen die Werte 2009 so aus: Der neue A4 hat 180 PS, verbraucht nur noch 6,4 Liter und stößt lediglich 149 Gramm CO_2 pro Kilometer aus. Sprich: 20 Prozent mehr Leistung, 52 Prozent mehr Drehmoment – dabei 25 Prozent weniger Verbrauch, 25 Prozent weniger Kohlendioxidemission. Das sind die Koordinaten, mit denen Herr Eiser nachts einschläft. Und morgens aufwacht. Der Weg zum perfekten Auto ist einer der vielen kleinen Schritte. Eine Gratwanderung.

Per Knopfdruck wütet Orkan, herrschen brütende Hitze und arktische Kälte

Über Ingolstadt ist es kalt an diesem Februartag, fast im Herzen der Stadt spreizt sich das Werksgelände von Audi, 200 Hektar, rund 33 000 Mitarbeiter, eine Kleinstadt für sich. Der werkseigene Shuttle-Bus hält vor einem hellen Gebäude, auch hier läuft das Projekt perfektes Auto. Eine Tür. Aufschrift: „Zutritt verboten!" Herr Zimmermann ist einer der wenigen, die diese Tür durchschreiten dürfen, er ist Aerodynamiker und leitet das Windkanalzentrum von Audi, eines der modernsten der Welt. In diesen schallisolierten Kanälen kann per Knopfdruck ein Orkan wüten, exakt dosierter Gegenwind von null bis 300 Stundenkilometern. In diesen Kanälen testeten schon Ski-Worldcup-Teams Helme und Anzüge, um Hundertstel zu gewinnen. Hier begab sich die Schwimm-Olympiasieger Ian Thorpe in die Horizontale, um mehr über Strömungsverhalten zu lernen.

Sport. Normalerweise geht es im Aeroakustik-Windkanal um eine härtere Gangart. Autos. Testmodelle im Maßstab 1:1, geformt aus Plastilin, stehen auf einem Panel, das den im Fahrtwind entstehenden Widerstand extrem genau misst, dazu Auftriebs-, Quer- und Längskräfte. Die Form der Plastilinmodelle wird im Windkanal ständig verändert, sodass permanent neue Messergebnisse erzielt und beurteilt werden können. Aufgabe Zimmermanns und der Aerodynamiker: Die strengen Zielvorgaben müssen erreicht werden. Keine schlichte Nummer. Denn dummerweise zeigen Autos ein viel komplizierteres Strömungsverhalten als jedes Flugzeug. Räder, Radkappen, Spiegel, Heck und vor allem der Unterboden sorgen für gemeine Verwirbelungen. Widerstände, die Benzin kosten, Geld, Prestige, im schlimmsten Fall die Wettbewerbsfähigkeit am weltweiten Markt.

Herr Zimmermann spricht ruhig. Auch er ein Mann für die winzigen Details, in denen am Ende ein Bruchteil der perfekten Gesamtlösung steckt. Mit sensiblem Händchen werden Kanten der Plastilinmodelle verflacht, hier mehr gerundet, am Unterboden noch ein, zwei Abdeckungen geglättet. Die Daten müssen stimmen, und die Daten lügen nie. Doch wäre der Strömungswiderstand, der berüchtigte cw-Wert, nur alles. Zimmermanns Team muss auf Prototypen obendrein Regen niederprasseln lassen, 2500 Liter pro Stunde, ein normaler Landregen schafft gerade mal 150. Danach scheuchen sie die Wagen durch Eisregen, Schnee und brutales Sonnenlicht, erzeugen Wüstenhitze von plus 55, arktische Kälte von minus 25 Grad. Sie tun dies im neuen Klimawindkanal, in dem jedes Wetter per Regler und Returntaste entstehen kann; das perfekte Auto muss immer und überall funktionieren und auch hierbei sparsam und tüchtig sein, das Getriebe, der Motor, die Klimaanlage, die Enteisungssysteme. Es geht um die energetische Optimierung des Wärmehaushalts, kein Quäntchen Energie darf vergeudet werden. Effizientes Thermomanagement, so nennen sie das, Herr Zimmermann fasst es so zusammen: „Ein Riesenaufwand."

Unter Effizienz verstehen die Ingenieure aber auch die Vermeidung von Wirbeln und Turbulenzen, die das menschliche Ohr stören. Akustikmesspuppen, naturgetreu auf den Sitzen sitzend, mit hochsensiblen Mikrofonen in den Plastikohren, registrieren all diese Geräusche. Optimiert wird fast überall, an der A-Säule, am Außenspiegel, am Windabweiser des Schiebedachs. Hunderte von Frequenzanalysen bringen schließlich das Urteil: Welche Formen und Details muss dieses leiseste, aber dennoch dynamisch klingende Auto besitzen – das am Ende Sprit sparen, den Markt überzeugen und den Kunden glücklich machen wird?

Was für ein Fortbewegungsmittel hat der Mensch da ersonnen? Ein Luxusobjekt, ohne das wir nicht mehr auskommen, weil wir uns, bequem wie wir sind, so sehr daran gewöhnt haben. Ein Vehikel, das obendrein schön sein soll, schnell, praktisch, rostfrei. Den Frauen soll es gefallen, erst recht den Männern. Dazu soll es Geld sparen, Geld bringen und Jobs erhalten. Eine marktwirtschaftliche Multifunktionswaffe, die die Welt am Rollen hält.

Eine Firma wie Audi startet dafür Wissenschaftsprojekte mit Universitäten, ruft Design-Studien ins Leben, Design-Prozesse, Design-Philosophien, nichts was unversucht bleibt. Es gibt viele Ansätze, viele Resultate. Eines

Viel Wind für den Fortschritt: Im Aerokustik-Windkanal sorgen Turbinen, größer als Triebwerksschaufeln von Flugzeugen, für stürmische Testbedingungen

Penibel überwachter Werdegang: Am Finish-Band nimmt das Auto Gestalt an. Beim Zusammenbau von Kotflügel, Türen, Motorhaube und Heckklappe werden Spaltmaße und Oberflächen permanent kontrolliert

heißt TDI, Dieselmotoren mit Commonrail-System und Piezo-Injektoren, die eine gleichmäßige, akustisch komfortable Verbrennung ermöglichen. Turbolader mit verstellbarer Leitschaufelgeometrie und gesteuerter Luftzuführung sorgen für hohes Drehmoment, hohe Leistung, das alles bei größtmöglicher Minimierung der Rohemissionen.

Es ist der Teufel im Detail, er steckt tief in den Pumpen, Ventilen, in den Geheimnissen der Systeme, in der Physik des Materials. Um das Auto immer leistungsfähiger zu machen, hat Audi sogar eine neue Art des Karosseriebaus erfunden. ASF, so lautet dieses Kürzel, Audi Space Frame, und es bedeutet die Umkehr der Gewichtsspirale, denn leichter, bitte schön, soll das Auto auch noch werden.

Sie nehmen dafür Aluminium, ein schwieriges Metall, zwar leicht, aber ein wenig eigen. Es will sich nicht mit Stahl vertragen, aber es muss, und darum waren unter anderem neue Verbindungsideen nötig. Fügetechnologien mit Hilfe von Stanznieten, Kleben und selbstfurchenden Schrauben, die von Robotern eingebracht werden, durch ihre Reibung die Oberfläche der Bauteile schmelzen und so kraftschlüssig und vollständig in den Werkstoff eindringen. Es musste danach die lästige Kontaktkorrosion umgangen werden. Dies schafften die Ingenieure durch neue Klebstoffe, die gleichzeitig verbinden und trennen und deren penibler Auftrag mit Kamerasystemen überwacht wird. Es mussten ferner multifunktionale Strangpressprofile und Druckgussteile erschaffen werden, die Techniker im Aluminium- und Leichtbau-Zentrum Neckarsulm vergleichen das mit den Knochen des menschlichen Skeletts: geringes Gewicht – ideale Funktion.

Der Fortschritt schläft nie, das makellose Auto ist ein Wert, den es nie geben wird

Evolution? Vielleicht durchläuft das Auto auch dies, von Menschenhand gelenkt, Idee für Idee, aber nun verstehen sich auch diese beiden prima, das Alu und der Stahl. Ergebnis des preisgekrönten Leichtbau-Verfahrens: eine dynamische Performance, das klingt schön und liest sich im Fall des Audi TT 2.0 TDI so: 170 PS starker Diesel, 7,5 Sekunden von Null auf 100, 226 km/h Spitze, 5,3 Liter Verbrauch. Auto-Effizienzler mögen solche Eckdaten. Ihre Augen leuchten dabei.

Man könnte meinen, sich langsam dem Ende der Fahnenstange zu nähern. Was für ein Trugschluss. Denn der Fortschritt schläft nie, weshalb das makellose Auto ein Wert ist, den es niemals geben wird. Vielmehr gilt es, sich ihm ständig neu anzunähern, und nun, im Prozess dieser ewigen Optimierung, ist das Auto gerade dabei zu lernen, wie es sich nicht nur selbst immer effizienter bewegt – sondern wie es dabei auch noch selbst mitdenkt.

Selbst die modernsten Navigationssysteme sind morgen schon von gestern. Anachronistische Technik, lahm, unkommunikativ, dumm. Warum soll das Auto nicht noch viel mehr Daten einsetzen? Warum soll es nicht alle

Daten nutzen und senden, die heute durch Kabel, Luft und Weltraum rasen? Ein Fahrzeug also, das allwissend im Datenmeer navigiert, antizipiert, das Verkehrsströme berechnet, versteht und mitgestaltet, und welches in jeder Sekunde die beste Lösung weiß.

Sie arbeiten auch daran, und in Teilen existiert dieses visionäre Auto schon. Audi treibt dafür mit der TU München ein Forschungsprojekt voran, in einem Besprechungsraum sitzt Claudia Dittrich, Informatikerin und Doktorandin, vor einem Laptop. Ihre Idee: Autos verfügen längst über diverse Fahrerassistenz- und Informationssysteme – deren Potential aber nicht ausgenutzt wird. So „weiß" ein Auto, wann wir bremsen, wie schnell wir fahren, wann es wie stark regnet und die Scheibenwischer wie schnell arbeiten; seine elektronischen Eingeweide messen Temperaturen, registrieren, wann wir stehen, wo wir fahren. Das Ziel von Frau Dittrich: Sie will diese Informationen nicht einfach verpuffen lassen – sondern sie alle miteinander vernetzen.

Schon jetzt sind Autos versuchsweise mit einer Car Communication Unit ausgerüstet, in Ingolstadt existieren intelligente Ampeln, die anhand genetischer Algorhythmen die Verkehrslage minütlich neu interpretieren, mit den Autos kommunizieren und Ampelphasen anpassen. Zudem sorgen FCD, Floating Car Data, für mehr Durchblick: Positionsmeldungen von Taxis in Echtzeit lassen Rückschlüsse auf Durchschnittsgeschwindigkeiten und Verkehrslage zu. Travolution, Car to X Kommunikation, so heißen die Wundermethoden, mit denen die Autos untereinander und mit der Infrastruktur kommunizieren. In einem Projekt mit der Stadt Ingolstadt halfen sie bereits, die Haltezeiten vor Ampeln bis zu 20 Prozent zu reduzieren, Hochrechnungen ergaben für die Testbereiche Ersparnisse von 1600 Tonnen CO_2 im Jahr. Auch neue Displays in Audi-Testwagen leuchten schon. Sie geben Geschwindigkeitsempfehlungen, zeigen exakt an, wann eine Ampel auf Rot, auf Grün schalten wird. „All dies dient dem Fahrer zur bestmöglichen Information, entscheiden kann und muss er natürlich weiterhin selbst", sagt Ingrid Paulus, die bei Audi in der Vorentwicklung von Fahrzeugkonzepten für C2X-Technologien zuständig ist.

Die Zukunft? Sie wird nicht lange auf sich warten lassen, denn das Rennen um die automobile Effizienz ist milliardenmal schneller als jeder Formel-1-Bolide, längst beherrrscht von evolutionären Algorhythmen, Terabytes und Petabytes. Die unsichtbare Sprache der Daten beherrschen die Autos längst. Nun lernen sie zu interagieren, miteinander zu „sprechen".

Alle Entwicklungen zusammen werden im besten Fall dem Verkehr auf der ganzen Welt helfen, der Sicherheit, den Wartezeiten, den Emissionen, dem Widerstand, den Geräuschen des Windes, den Statistiken. Effizienz bedeutet vor allem, Werte zu reduzieren, denn der Weg nach vorn ist heute ein Weg der Minimierung, spurenloser, leiser, schneller.

Das perfekte, hochintelligente, grüne und noch dazu schöne Auto, das reibungslos durch den sich ständigen wandelnden Ozean der Information schwebt? Sie arbeiten daran. Um halb sieben am Abend klappt die Doktorandin der Informatik Dittrich vorsichtig ihren Laptop zu. Die Zukunft dieses verrückten Dings, das wir Auto nennen, kommt nicht mit einem Paukenschlag. Sie kommt in kleinen, feinen Lösungen. □

FÜR BESUCHER X/7

Die Audi Foren Ingolstadt und Neckarsulm haben für interessierte Gäste gleich eine ganze Erlebniswelt konzipiert. Werksbesichtigungen, Fahrtrainings, Ausstellungen, das Museum mobile, Shops und diverse Führungen und Veranstaltungen lassen Besucher an den Technologien und an der Faszination Auto mehr als nur schnuppern. Weitere Informationen unter Tel. 08 00 283 44 44 und www.audi.de

Die neuen BMW 3er
BMW Welt

DER SÜDEN

Wo Automobile zu Kunstwerken werden, hydraulische Bagger gegen Fluten kämpfen und lernwillige Roboter Schach spielen: technische Meisterstücke und Innovationen, die den Weltmarkt bewegen

Stahl , Glas und Glamour: In der BMW Welt wird dem Besucher der Zauber des Automobils in allen Facetten anschaulich nahe gebracht

Ein Kosmos für sich: In moderner Architektur lädt BMW ein, seine Visionen des Autofahrens nachzuvollziehen

BMW WELT, MÜNCHEN

Im Herzen des Autos

Forschen, lernen, staunen: In zukunftsweisendem Ambiente wird das Automobil als Gesamtkunstwerk begreifbar

Der kleine Tom soll eine ziemlich knifflige Aufgabe lösen. Wie lenkt man Explosionskraft und wandelt diese in Bewegung um? Hm. Der Elfjährige hält den Kopf etwas schief und überlegt. Vor sich sieht er Kolben, Zylinder, Leitungen, die ihm erklären sollen, wie ein Auto im Prinzip angetrieben wird. Und schon wartet die nächste Frage. Wie könnte man Fahrzeuge in Zukunft bewegen? Vielleicht mit dem Wind? Mit Wasser? Oder doch mit Olivenöl?

Im Junior Campus der BMW Welt lernen Sieben- bis 13-Jährige nicht nur, wie toll und schnell so ein Auto sein kann. Hier steht Experimentieren mit Köpfchen auf dem Programm. Drei Dinge sollen die Teilnehmer der Workshops vor allem erfahren: Begeisterung für automobile Technik, Verständnis für physikalische Prozesse und, vor allem, Spaß an diesem riesigen, unerschöpflichen Thema Auto.

Doch das Experimentieren für „junge Forscher" ist nur eine der vielen Stationen, die der Besucher am Münchner Olympiapark ansteuern kann. Umrahmt von Bäumen steht ein spektakulärer, vom Architekturbüro Coop Himmelb(l)au entworfener Doppelkegel aus Stahl und Glas, in dem sich eine freitragende Treppe nach oben windet und die futuristische Anmutung noch unterstreicht. Daran anschließend das Hauptgebäude mit einer Plaza – monumental und trotzdem von faszinierender Leichtigkeit – darüber Galerien, Umläufe und in luftiger Höhe ein Restaurant.

Willkommen in der BMW Welt: einem eigenen Universum, in dem die Bayerischen Motoren Werke die Faszination Auto in allen erdenklichen Facetten inszeniert haben. Zum Sehen, Hören, Lernen und Staunen. Seit der Eröffnung sind mehr als drei Millionen Besucher in die Erlebniswelt gekommen, zum Teil BMW-Kunden, die sich hier ihren Neuwagen abholen, dazu Technik- und Automobil-Enthusiasten – vor allem aber ganze Familien, die hier einen runden Tag erleben.

Dabei gehen hier nicht nur die Kinder auf Mobilitätstouren und Forscherrunden. Im Technik und Design Atelier machen hartgesottene Autofans und Laien jeden Alters große Augen: neuste Fahrerassistenzsysteme, EfficientDynamics, ConnectedDrive oder Clean Energy werden vorgestellt, erklärt und in Exponaten und einem Fahrsimulator erlebbar gemacht. Autovisionen zum Anfassen. Autophilosophien zum Erfassen. Was Techniker und Ingenieure in den Entwicklungsabteilungen ersinnen, wird Besuchern hier vor Augen geführt. Und sei es, dass hier bereits ein neues BMW-Modell zu sehen ist, das erst in einigen Wochen an die Händler ausgeliefert wird.

Zu dem Blick in Gegenwart und Zukunft von BMW empfiehlt sich auch der Besuch im gegenüberliegenden BMW Museum, das über eine Brücke mit der BMW Welt verbunden ist. Die Geschichte des Konzerns ist hier in 120 historischen Originalexponaten festgehalten – Formel-1-Fahrzeuge, Flugzeugmotoren, Automobile und Motorräder aus 90 Jahren BMW. Dazu werden die Fahrzeuge auch als Kunstwerke inszeniert – überhöht zur kinetischen Skulptur oder von Künstlern umgestaltet. Rollende Denkanstöße, um die mobile Gesellschaft neu zu betrachten.

Doch was wäre Kunst ohne Technik, ohne die Raffinesse der Konstrukteure? Auch diesen Bogen soll der Besucher nachvollziehen – und landet als nächstes im benachbarten BMW Werk in der Fertigung, wo sich tonnenschwere Stahlrollen in Motorhauben und Seitenflanken verwandeln. „Hochzeiten" werden hier gefeiert, wenn BMW-Mitarbeiter unterstützt von Robotern Karosserien und Antriebsstränge verbinden. Auch Werkführungen sind Teil der BMW Welt, die das Auto als Gesamtkunstwerk begreifbar macht. In einer Welt für sich. □

FÜR BESUCHER

Die BMW Welt bietet neben den Werkführungen, Workshops im Junior Campus, Ausstellungen und dem Museum auch Shops, Restaurants und andere Attraktionen. Geöffnet ist sie täglich 9-20 Uhr, Werkführungen sind an Sonn- und Feiertagen nicht möglich und an einigen Tagen eingeschränkt.
Alle weiteren Informationen unter Tel. 0180 2 11 88 22 sowie im Internet unter www.bmw-welt.com

ESG, FÜRSTENFELDBRUCK

Sicherheit mit System

Als Innovations- und Technologiepartner sorgt die ESG für Sicherheit – auch in schwierigen Lagen

Es ist eine Welt, die kleine Jungs fasziniert – und gestandene Ingenieure: Steuerungs-, Mess- und Funktechnik für Überschalljets, unbemannte Luftfahrzeuge und Hubschrauber, Flugsimulationen und Hightech-Lösungen für sichere Autos. Die Produkte des in der Münchner Peripherie angesiedelten Unternehmens ESG Elektroniksystem- und Logistik sorgen für die optimale Verbindung der Schnittstelle zwischen Mensch und Maschine. In Fahrzeugen von militärischen Einsatzkräften ebenso wie auf dem zivilen Sektor. In der Luft ebenso wie im Wasser und auf dem Land.

Die Anfänge der ESG liegen in den frühen 1960er Jahren; die gerade erst gegründete Bundeswehr hatte ihre ersten Kampfjets Typ Starfighter bekommen, aber die Probleme mit dem Flugzeug häuften sich. Erster Auftrag: Den Starfighter zuverlässiger machen. Dem Unternehmen gelang dies – und diesem ersten Erfolg sollten weitere folgen: Beim Tornado, dem ersten Militärflugzeug, das die Bundesrepublik zusammen mit Großbritannien und Italien entwickelte, lieferte die Firma unter anderem Entwicklungs- und Logistikleistungen für die Avionik, ein Wort, das sich aus Avis (latei-

FÜR BESUCHER

1200 Mitarbeiter und 17 Standorte hat das Unternehmen. Das hochmoderne Technologiezentrum der ESG in Fürstenfeldbruck mit Flugzeug- und Hubschraubersimulatoren kann nach Voranmeldung durch Besuchergruppen besichtigt werden. Anfragen an: marketing@esg.de, www.esg.de

Avionik für Luftfahrzeuge der Zukunft: die ESG schneidert Systemkonzepte nach Maß, die an Simulatoren erprobt und optimiert werden

nisch: der Vogel) und Elektronik zusammensetzt.

In den vergangenen 20 Jahren baute die ESG neben der Wehrtechnik weitere Kompetenzbereiche auf. Die Automobil- und Nutzfahrzeugbranche zählen ebenso dazu wie die zivile Luft- und Raumfahrt, die Telekommunikation, Transport und Verkehr. Die ESG bietet dabei immer Lösungen für den gesamten Lebenszyklus eines Autos oder Flugzeugs an. Also von der Entwicklung über die Einführung, von der Nutzung bis hin zur so genannten Ausphasung.

Unsere Kernkompetenzen sind ideal für den erfolgreichen branchenübergreifenden Technologietransfer", sagt Gerhard Schempp, Vorsitzender der Geschäftsführung der ESG. Man muss das so sehen: Die Welt hat sich, gerade was Technologie betrifft, komplett verändert. Vor 20 Jahren spielte die Elektronik im Auto eine eher untergeordnete Rolle. Heute stellen die Automobilhersteller die Funktionstüchtigkeit der Fahrzeugelektronik sicher, indem sie in Speziallabors testen, ob sich diese von Handys stören lassen. Die ESG erkannte, dass manche Technologien aus der Luftfahrt bestens in die Automobilbranche übertragbar sind. Fahrerassistenz- und Sicherheitssysteme sind heute aus dem modernen Automobilbau nicht mehr wegzudenken. Und oft genug stammen sie von der ESG. Beispiele für innovativen Technologietransfer sind „Head-up-Display", „Nightvision" oder „Car-to-car-Kommunikation". Der branchenübergreifende Wissenstransfer erfolgt selbstverständlich in beide Richtungen.

Ein Beispiel: Zusammen mit einem anderen Partner entwickelte ESG unlängst ein Gleitfallschirmsystem für Fallschirmspringer, das diese in Höhen bis zu 10 000 m einsetzen und damit kilometerweit gleiten. Ursprünglich waren Militärfallschirme als Einzelgerät und nicht als Gesamtsystem konzipiert worden. Der modulare Systemansatz ermöglicht den Militärstrategen, flexibel auf neue Situationen zu reagieren. □

Mit komplexen hydraulischen Systemen hat Rexroth den Weltmarkt erobert – und zum Beispiel Mobilschreitbagger ausgestattet, die dank präziser Steuerung durch schweres Terrain manövrieren können, um wie hier in Davos Flutschäden zu beseitigen

BOSCH REXROTH, LOHR

Bewegende Lösungen

Höllenhammer, Falltüren, rotierende Wolkenkratzer: Technik macht alles möglich

Am Anfang stand der Höllenhammer. Im Jahr 1795 nimmt Georg Ludwig Rexroth I. in seinem Hammerwerk im Elsavatal einen monströsen wassergetriebenen Eisenhammer in Betrieb. Deutschland erlebt gerade den Beginn der Industrialisierung, aber so eine Anlage hat man hier noch nicht gesehen. Rexroths Hammer setzt ungeheure Kräfte frei, er gilt als leistungsfähigstes Werk zur Eisenbearbeitung im ganzen Umkreis.

Eine Erfolgsgeschichte aus der Zeit der Frühindustrialisierung. Es ist die Geburtsstunde des heutigen Antriebsspezialisten Rexroth. Doch vorerst nutzt das Unternehmen Maschinen für die Produktion, anstatt sich mit der Konstruktion von diversen Geräten zu beschäftigen. Rexroth steigt bis 1900 zu einer international erfolgreichen Eisengießerei auf. Ganz Europa befindet sich im Aufschwung. Schienen und Dampfkessel müssen gegossen werden. 1930 entwickelt das Unternehmen einen speziellen Ofen, der es möglich macht, Eisen von besonders hoher Qualität zu gießen.

Nach dem Krieg nimmt Rexroth zunächst die Produktion von Eisenwaren für den täglichen Gebrauch auf. Doch bald knüpft man an die Entwicklungsarbeit der Vorkriegsjahre an und steigt schließlich in die Produktion von Hydraulikanlagen ein, die mit Hilfe von Öldruck imstande sind, schwere und sperrige Dinge in Bewegung zu

FÜR INTERESSIERTE

Besuchern der Homepage von Bosch Rexroth stehen online Informationen zur Geschichte des Unternehmens, Produkte, Leistungen und vielem mehr zur Verfügung. Zudem gibt es Zahlen und Fakten sowie umfangreiches Informationsmaterial rund um Bosch Rexroth. Mehr unter www.boschrexroth.com.

Wunder am Werk: Eine neue Feldspritze dient zur Erprobung hydraulischer Systeme

setzen – so ähnlich wie damals die Wasserkraft dem „Höllenhammer“ zu enormen Kräften verhalf. Der Umstieg erweist sich als kluge Entscheidung, denn in Zeiten des Wirtschaftswunders muss in Deutschland eine Menge gehoben und beiseitegeräumt werden. Und schon bald kommen die elektrische Steuertechnik, Pneumatik und die Lineartechnik dazu.

Heute ist es Rexroth-Technik, die Falltüren und Kulissen der Osloer Oper, der Freilichtbühne in Bregenz und des National Grand Theatre in Peking geräuschlos in Bewegung versetzt. Auch sind es Rexroth-Produkte, die bis zu 600 Tonnen schwere Schiffe auf das sandige Trockendock im Hafen von Dubai hieven.

Der Weg zu solchen Erfolgen war lang und führte nicht immer geradeaus. Durch Zukäufe wächst das technische Know-how des Familienunternehmens ständig. Irgendwann bahnt sich das Ende der Selbständigkeit an. 1975 wird Rexroth von Mannesmann übernommen, die damals noch im Röhrengeschäft tätig sind.

Seit 2001 gehört Rexroth mit seinen heute rund 35 000 Mitarbeitern zur Bosch-Gruppe und ist dort Spezialist für Antriebs- und Steuerungstechnik. Druckmaschinen, Maschinen zur industriellen Textilherstellung, Abfüllanlagen in der Lebensmittelindustrie: In all diesen Apparaturen steckt ausgeklügelte Rexroth-Technik, überall surren darin die Motoren und Antriebe aus Lohr am Main, dem Sitz des Vorstands. Auch clevere Pneumatik-Lösungen für rotierende Lkw-Schneeketten, die sich per Knopfdruck wie ein Teppich unter die Reifen legen und eine komplizierte Montage überflüssig machen, gehören zum Sortiment des Hauses.

Es sind vor allem die Großprojekte, die Ingenieure mit besonderem Stolz erfüllen. Riesige Bohrer, die den größten Eisenbahntunnel Europas durch den Gotthard bohren, eine Hubschrauberlandeplattform für Schiffe, die den Seegang ausgleicht, so dass der Hubschrauber sicher an Bord landen kann. Alles dank Technik der Marke Rexroth.

Und manchmal schaffen es die Ingenieure sogar, utopisch klingende Visionen wahr werden lassen. So will der italienische Architekt David Fisher ganze Immobilien in Bewegung versetzen, er träumt gar von rotierenden Wolkenkratzern. Jedes der 75 Stockwerke soll dabei in 180 Minuten einmal um die eigene Achse rotieren. „Dynamische Architektur“ nennt Fisher das und stellt Bauingenieure und Techniker mit seiner Idee vor vollkommen neue Herausforderungen.

Drehen sollen sich die gewaltigen Hochhäuser durch eigens angepasste Hochleistungsantriebe. Ein erster Prototyp der rotierenden Riesen wird voraussichtlich 2010 in Italien gebaut und getestet, die Antriebe dafür kommen aus dem Hause Rexroth. Läuft alles nach Plan, dürften sich schon bald darauf, zwei gewaltige Türme in Dubai und Moskau tatsächlich in Bewegung setzen. Und wieder wird die Welt staunen – wie einst über den „Höllenhammer“. □

ROHDE & SCHWARZ, MÜNCHEN

Hört die Signale!

Über die Kunst, mit Wellen die Welt zu erobern

Manchmal entscheidet sich die Zukunft auf einem Treppenabsatz. Es war schon spät geworden im Institut von Jena, als die zwei ehrgeizigen Physik-Doktoranden Lothar Rohde und Hermann Schwarz 1932 einen neuen keramischen Werkstoff in die Finger bekamen. Die Eigenschaften des neuartigen Materials sollten im Labor für Elektrotechnik näher untersucht werden, aber niemand wusste so recht etwas damit anzufangen. „Wir machen das schon“, sagten die beiden. Ihre Ergebnisse sollten den Grundstein für ein eigenes Unternehmen legen.

Kaum ein Jahr später gründeten Lothar Rohde und Hermann Schwarz in einer Etagenwohnung im Münchener Lehel das Physikalisch-Technische Entwicklungslabor Dr. L. Rohde & Dr. H. Schwarz (PTE). Die Ausstattung bestand aus einigen der damals modernen Apparaturen der noch jungen Messtechnik. Eine der ersten Entwicklungen des Unternehmens war ein Gerät, das verschiedene Funkfrequenzen messen konnte, damals eine Weltneuheit.

Das Gerät wurde prompt zum internationalen Verkaufsschlager, viele Neuerungen folgten. Die Firma entwickelte die erste tragbare Quarzuhr, die vor allem in Kraftwerken und in der Industrie als Präzisionsuhr eingesetzt wurde. Im Zweiten Weltkrieg erhielten Rohde & Schwarz auch Aufträge für Radarwarngeräte.

Nach dem Krieg kommen die Labors schnell wieder in Schwung. Die ersten Aufträge erhält die Firma von den Alliierten, die ihre technischen Anlagen bei Rohde & Schwarz warten lassen. Für den neu organisierten Rundfunk liefert die Firma die Sendetechnik und revolutioniert dabei das Radio.

Weil Deutschland bei der europaweiten Verteilung der Rundfunkfrequenzen schlecht abschneidet, setzt Rohde & Schwarz von Anfang an auf die neue Ultrakurzwellentechnik. Als die deutschen Sender in UKW investieren, zögert die Firma nicht lange: Sie entwickelt einen UKW-Sender für Radio München, den Vorgänger des Bayerischen Rundfunks. Nur einen Tag bevor der Nordwestdeutsche Rundfunk seinen Betrieb aufnimmt, geht der weltweit erste UKW-Sender in München Freimann auf Sendung.

Funkwellen, ob lang oder ultrakurz, gehören noch immer zum zentralen Geschäft. Und ohne die findigen Tüftler würden viele heute in die Röhre gucken: Die Firma hat die technischen Voraussetzungen für digitales Fernsehen und Hörfunk mitgeschaffen, denn Rohde & Schwarz entwickelt Sender für analogen und digitalen Rundfunk. Außerdem gibt es die passende Messtechnik aus dem gleichen Haus. Sie ist in den Labors und Produktionsstraßen der Elektronikindustrie zu finden. Die Firma unterstützt Hersteller überall dort, wo es gilt, Signale zu generieren und zu analysieren.

Aber neben der Industrie haben auch Streitkräfte und Behörden Rohde & Schwarz-Geräte im Einsatz. Sie verlassen sich dort auf die Funktechnik der Hightech-Spezialisten, wo es um sichere Kommunikation geht. Seit 2001 produziert der Münchner Konzern zum Beispiel ein Gerät, das Handys abhörsicher macht und bei Politikern und Managern äußerst beliebt ist. „Wir orientieren uns bei unseren Produkten an dem, was technologisch gerade noch machbar ist", sagt Geschäftsführer Michael Vohrer.

Mit diesem Ansatz ist die Firma in vielen Bereichen zum Weltmarktführer avanciert. Auch im Kerngeschäft der Messtechnik: Jedes zweite Handy, das weltweit verkauft wird, ist zuvor mit der Technik von Rohde & Schwarz gemessen worden. Bis heute ist die Firma im Besitz der Gründerfamilien. Und so wird mit 7500 Mitarbeitern in aller Welt und einem Jahresumsatz von über einer Milliarde Euro konservativ gewirtschaftet. Bankschulden sind tabu, und die Eignerfamilien lassen einen Großteil des Profits im Unternehmen – mit hohen Investitionen in Forschung und Entwicklung. Im Labor hat schließlich alles einmal begonnen. □

FÜR INTERESSIERTE

Messtechnik, Rundfunk, sichere Kommunikation sowie Funküberwachung und -ortung: Die Internetseite informiert umfassend über die Produktpalette und Einstiegsmöglichkeiten. Firmenbesichtigungen sind im Rahmen von Hochschulexkursionen möglich. Infos unter www.rohde-schwarz.com

Bitte nicht stören: In der Halle zur Messung von elektromagnetischer Verträglichkeit werden bei Rohde & Schwarz Tests vorbereitet, um die exakte Störstrahlung von Computern oder Handys zu ermitteln

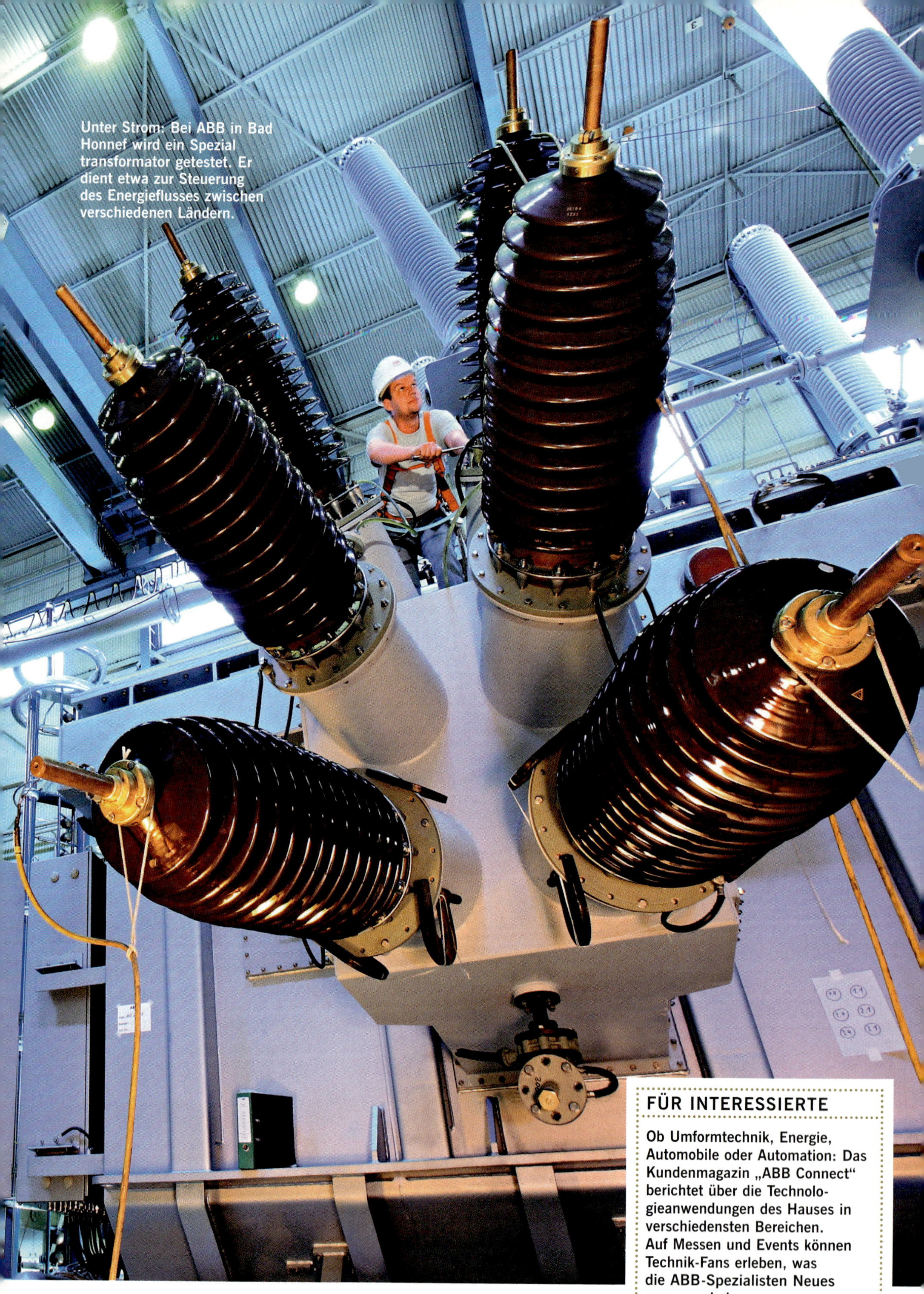

Unter Strom: Bei ABB in Bad Honnef wird ein Spezialtransformator getestet. Er dient etwa zur Steuerung des Energieflusses zwischen verschiedenen Ländern.

FÜR INTERESSIERTE

Ob Umformtechnik, Energie, Automobile oder Automation: Das Kundenmagazin „ABB Connect" berichtet über die Technologieanwendungen des Hauses in verschiedensten Bereichen. Auf Messen und Events können Technik-Fans erleben, was die ABB-Spezialisten Neues ersonnen haben.
Infos unter: www.abb.de/connect

ABB, MANNHEIM

Mit Tortenstücken Energie sparen

Für revolutionäre Erfindungen ist ABB bekannt. Dazu gehören ausgeklügelte Kabel am Meeresgrund, Europas erste Dampfturbine und ein Roboter, der die Rochade beherrscht

Weit vor der Küste Borkums ist das Wetter meist ruppig, der Wind bläst gewaltig – ein Glücksfall für die Energiegewinnung aus Windkraft. Mitten in der Nordsee, 130 Kilometer von der Küste entfernt, geht im Herbst 2009 der weltweit größte Offshore-Windpark in Betrieb. 80 Windräder werden nach Fertigstellung des Windparks 400 Megawatt erzeugen und den Energiebedarf einer Stadt von der Größe Mannheims decken.

Doch wie gelangt der Strom vom Windpark Borkum 2 zum Verbraucher in die Städte? Dafür braucht es eine ziemlich lange Leitung. Und eine armdicke dazu. Sie führt erst über den Meeresgrund, dann unter der Erde zur nächstgelegenen Umspannanlage südlich von Emden.

Eine enorme Distanz, auf der nur ein kleiner Teil des wertvollen Stroms verloren geht. Denn ABB hat ein Kabel entwickelt, das den Strom effizient transportiert. Zerteilt sieht es aus wie eine aufgeschnittene Torte. Sein Geheimnis: Im Kabel fließt Gleichstrom, der mit weniger Verlusten transportiert werden kann als der sonst übliche Wechselstrom.

Die Anbindung des Windparks an das deutsche Stromnetz ist der größte Inlandsauftrag für ABB Deutschland. Zudem ein Auftrag, der Sympathien weckt. Wer will nicht dazu beitragen, die alternativen Energien in Deutschland stärker zu etablieren? ABB ist ein internationaler Konzern, der 1988 aus der Fusion der schwedischen Asea-Gruppe mit der Schweizer BBC entstand. Die deutsche Tochtergesellschaft mit Sitz in Mannheim ist heute mit 11 000 Mitarbeitern eine der bedeutendsten des Weltunternehmens.

Doch seine Wurzeln reichen weit zurück. Schon 1901 konstruierten die Schweizer Ingenieure Charles Brown und Walter Boveri die erste Dampfturbine Europas. 30 Jahre später kam aus ihrem Haus die weltweit erste Verbrennungsgasturbine, mit der Strom erzeugt wurde. 1973 entwickelten die Ingenieure den ersten von einem Mikrocomputer gesteuerten Industrieroboter und revolutionierten damit die Industrietechnik. So etwas hatte die Welt noch nicht gesehen.

Nach einer Krise in den Neunzigern hat sich das Unternehmen heute gesund geschrumpft. Doch die Produktpalette reicht weiterhin von der Starkstromtechnik bis zur Mikroelektronik. Schalter, Antriebe, Transformatoren, Leittechnik und Halbleiter: Die Technik von ABB steckt in Kraftwerken, Maschinenparks und Wohnhäusern. Und sie kann sogar Schach spielen.

Im ABB-Forschungszentrum Ladenburg trainiert Elektro-Techniker Jens Hofschulte gerade mit dem Roboter IRB 360. Vorsichtig packt der Greifarm der gelehrigen Maschine die Figuren auf dem Brett, zieht einen Bauern vor, springt mit dem Pferd und setzt es mit seiner metallischen Hand sicher wieder ab. Die Züge hat ihm der Ingenieur vorher im Nu beigebracht.

Der IRB 360 gehört zu einer ganz neuen Generation von Robotern, die man durchaus als intelligent bezeichnen könnte. Der Roboter lernt Bewegungen und ist obendrein mit Sensoren ausgestattet, die ständig die Umgebung abtasten und darauf reagieren können. Wieder mal eine Revolution in der industriellen Fertigung: Die Maschinen haben endlich Köpfchen – und können so manches Problem im Greifarmumdrehen lösen. □

Donnerwetter: Im Prüffeld von ABB wird getestet, wie sich zum Beispiel Blitzschlag auf den Betrieb eines Transfomators auswirkt

TIPPS IM SÜDEN

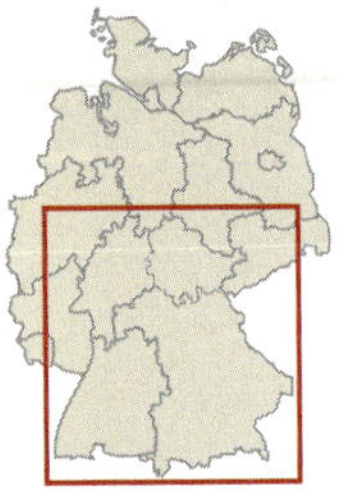

Was sich auf Rädern und in der Luft bewegt oder vom Wasser angetrieben wird

Im Blickpunkt steht die „Galerie der Helfer" im Mercedes-Benz-Museum: Fahrzeuge für alle Not- und Wechselfälle

HESSEN

Braunkohle-Bergbaumuseum

Borken (D 7) Ums Erlebnis über und unter Tage geht es hier, zahlreiche Geräte aus dem Bergbau und der Energieerzeugung sind zu besichtigen, viele werden im Betrieb vorgeführt.
Tel. (056 82) 80 82 71
www.braunkohle-bergbaumuseum.de

Philipp-Reis-Haus

Friedrichsdorf (C 8) Schon 1861 stellte Philipp Reis dem Physikalischen Verein in Frankfurt ein „Telephon" vor, das er bis zu seinem Tod 1874 weiterentwickelte. Es fehlten jedoch Fürsprecher und Finanziers. So löste erst A. G. Bells Patentanmeldung 1876 den Siegeszug des Fernsprechens aus. Das Museum rückt Reis' Verdienste ins rechte Licht (Di und Do und nach Vereinbarung).
Tel. (061 72) 721 42
www.friedrichsdorf.de (unter „Freizeit & Kultur")

Kinder-Akademie

Fulda (D 7) Nach amerikanischem Vorbild wurde 1991 das erste deutsche Kindermuseum gegründet, das Mädchen und Jungen in die Naturwissenschaften einweiht. Mittelpunkt: ein gewaltiges Herz, fünf Meter hoch und begehbar, als sei man ein Blutkörperchen. Auch mit den anderen Objekten der Ausstellung können die Kinder spielerisch Zusammenhänge der Natur entdecken.
Tel. (06 61) 90 27 30
www.kaf.de

Liebig-Museum

Gießen (C 7) Justus Liebig, der Vater der modernen Chemie, wirkte 1824–52 in diesem Laboratorium. Ein Glücksfall, dass es bis heute fast unverändert ist. Es ermöglicht daher den Besuchern einen Blick auf die Forschungsbedingungen vor über 150 Jahren und vermittelt eine Vorstellung von der Energie und Genialität Liebigs.
Tel. (06 41) 763 92
www.liebig-museum.de

Mathematikum

Gießen (C 7) Mathe zum Anfassen: Den Besuchern soll die abstrakte Hilfswissenschaft anschaulich werden. Statt fürs Rechnen nur die Finger zu verwenden, die gelangweilt auf dem Taschenrechner rumtippen, kann man bei Knobelspielen, Puzzles und beim Brückenbauen auch mal den Kopf ins Spiel bringen.
Tel. (06 41) 969 79 70
www.mathematikum.de

Werra-Kalibergbau-Museum

Heringen (E 7) Seit fast 150 Jahren prägt der Abbau von Kalisalzen das Werratal. 1861 wurde das Heißlöseverfahren erfunden, ein Trennverfahren für Kalirohsalze, mit dem bis heute viele Kalibergwerke weltweit arbeiten. Das Museum dokumentiert die Entwicklung dieser Industrie mit bergbautechnischen Exponaten.
Tel. (066 24) 91 94 13
www.kalimuseum.heringen.de

Konrad-Zuse-Museum

Hünfeld (D 7) Eine Tonne Material verarbeitete Konrad Zuse in der elterlichen Wohnstube für den 1938 fertig gestellten Rechner Z1. Dem Leben des Erfinders ist dieses Haus gewidmet, in dem er seit 1957 bis zu seinem Tod 1995 wohnte.
Tel. (066 52) 91 98 84
www.zuse-museum-huenfeld.de

Henschel-Museum

Kassel (D 6) Aus einer Gießerei erwuchs im 19. Jh. eine der größten Maschinenbau- und Fahrzeugfabriken, in der Lokomotiven, aber auch Kraftwagen und Rüstungsgüter hergestellt wurden. Das kleine Museum zeigt Bilder und Dokumente (geöffnet am 1. zusammenhängenden Wochenende jedes Monats oder nach Vereinbarung).
Tel. (05 61) 801 72 50
www.kassel.de
(unter „Kunst & Kultur")

Wasserkraftwerk Lippoldsberg

Lippoldsberg (D 6) Hier wird seit gut 100 Jahren Strom erzeugt und seit 25 Jahren über die Funktionsweise des Kraftwerks und Einsatzmöglichkeiten erneuerbarer Energien informiert.
Tel. (055 72) 937 80
www.wahlsburg.de
(über „Touristik" – „Museen")

Grube Fortuna

Solms-Oberbiel (C 7) Bis 1983 wurde hier Eisenerz abgebaut, heute ist das stillgelegte Bergwerk für Besucher geöffnet. Mit angeschlossenem Museum.
Tel. (064 43) 824 60
www.grube-fortuna.de

Optik ganz im neuen Licht. Installation mit farbigen Schatten im Viseum

Wasserkraftwerk Wülmersen
Trendelburg-Wülmersen (D 6) Kurz bevor sie in die Weser mündet, muss die Diemel ein Laufwasserkraftwerk antreiben. Frei- und trockengelegt ist eine der Turbinen – und im „Live-Museum" zu besichtigen. (Jeden Mi vormittag von Mai bis Okt. oder nach Vereinbarung.) **Tel. (05 61) 933 21 23 www.museen-in-hessen.de**

Optikparcours
Wetzlar (C 7) Der Rundgang durch die Stadt der Hensoldt-Visiere und Leica-Kameras zeigt alle Aspekte zum Thema Optik. Besondere Attraktion: die Wasserorgel auf der Lahn. **Tel. (06441) 997750 www.optikparcours.de**

Viseum
Wetzlar (C 7) Im restaurierten Bürgerhaus aus dem 18. Jh. leitet ein Laserstrahl durch das Reich des Lichts. Die wissenschaftlichen Grundlagen der Optik wie ihre Anwendungen werden zum Erlebnis: Optik und feinmechanisches Handwerk im neuen Licht. **Tel. (06441) 99 41 40 www.viseum-wetzlar.de**

BADEN-WÜRTTEMBERG

Bergwerk Tiefer Stollen
Aalen-Wasseralfingen (E 10) Von 1608 bis 1939 wurde, zunächst im Tagebau, im Braunenberg Eisenerz gewonnen. Heute stehen die interessantesten Stollen, Schächte und Gänge als Schaubergwerk offen (April bis Oktober). **Tel. (073 61) 97 02 49 www.bergwerk-aalen.de**

Zeppelin-Museum
Friedrichshafen (D 12) Am Bodensee baute Graf Zeppelin seine Luftschiffe. Darüber erfährt man in dem zeitgemäß eingerichteten Museum mit seinen vielen Schaustücken. Angeschlossen eine Kunstsammlung – praktisch, wenn die weibliche Begleitung für „fliegende Zigarren" nicht viel übrig hat. **Tel. (075 41) 380 10 www.zeppelin-museum.de**

Deutsches Uhrenmuseum
Furtwangen (C 11) Fleißig waren die Uhrmacher im Schwarzwald des 19. Jhs.: Ein Drittel der Weltuhrenproduktion kam damals aus dieser Region. Und schon seit 1852 werden in Furtwangen Uhren systematisch gesammelt. Gut 2500 prächtige Objekte zeigt das weltbekannte Uhrenmuseum. **Tel. (077 23) 920 28 00 www.deutsches-uhrenmuseum.de**

Rechnermuseum
Furtwangen (C 11) Mathematische Geräte vom Abakus bis zum Rechenschieber stehen neben den ersten in Handarbeit oder industriell gefertigten Rechenmaschinen. (Besichtigung nach Vereinbarung.) **Tel. (077 23) 920 21 84 www.hs-furtwangen.de („Über uns" – „Weitere Einrichtungen")**

Carl-Bosch-Museum
Heidelberg (C 9) Leben und Werk des Heidelberger Chemie-Nobelpreisträgers Carl Bosch (1874–1940) – von der Entwicklung chemischer Industrietechniken bis hin zu seiner Rolle im Chemiekonzern I.G. Farben AG während des Natio-

Vom Reitwagen zum Silberpfeil

Das Mercedes-Benz-Museum erlaubt sogar den Blick in die Zukunft

Am Anfang der Ausstellung, direkt unterm Dach, steht ein Pferd. Lebensgroß und garniert mit einem Satz von Wilhelm II.: „Ich glaube an das Pferd. Das Automobil ist nur eine vorübergehende Erscheinung." Dann folgen 16 500 Ausstellungsquadratmeter, die den letzten deutschen Kaiser recht alt aussehen lassen. Das Mercedes-Benz-Museum, 2006 eröffnet, ist ein spektakulärer Bau des niederländischen Architekturbüros UNStudio und liegt direkt vor dem Daimler-Hauptwerk im Stuttgarter Stadtbezirk Bad Cannstatt. Die Zeitreise durch mehr als 120 Jahre Automobilgeschichte führt in einem Wendelgang zu dem von Gottlieb Daimler und Wilhelm Maybach entwickelten „Reitwagen" und weiter vorbei an den legendären „Silberpfeilen" bis zur Gegenwart der E- und S-Klasse. Die Forschungsmodelle im Erdgeschoss des Museums erlauben sogar einen Blick in die Zukunft des Automobils. Natürlich bietet das Museum jede Menge auf Hochglanz polierte Oldtimer, Sportwagen, Luxuskarossen und allerlei Hightech, das die Automobilfans in Ekstase versetzt. Doch das Museum legt ebenfalls großen Wert auf die Darstellung, wie sehr das Automobil die Gesellschaft verändert hat und wie eng die Geschichte der Motorisierung mit politischen und gesellschaftlichen Entwicklungen verknüpft ist. Da schlägt das Museum des ältesten Automobilbauers dann stellenweise sogar selbstkritische Töne an. **Stuttgart (D 10) www.museum-mercedes-benz.com Tel. (07 11) 173 00 00**

Fast auf den Boden geholt. Die legendäre Concorde auf dem Gelände des Auto- und Technik-Museums Sinsheim

Volltreffer? Gezielt wird unten wie oben. Scooter-Fahrspaß im Europa-Park in Rust

nalsozialismus – sind hier dokumentiert. Das Museumsgebäude diente einst als Chauffeurswohnung und Garage für Boschs Automobile.
Tel. (062 21) 60 36 16
www.carl-bosch-museum.de

Heidelberger Bergbahnen
Heidelberg (C 9) Zwei Standseilbahnen, erbaut 1890/1907, überwinden die 437 Höhenmeter zwischen Heidelberger Kornmarkt und Königstuhl mit Zwischenstation am Schloss und an der Molkenkur.
Tel. (062 21) 51 30
www.bergbahn-heidelberg.de

Landesmuseum für Technik und Arbeit
Mannheim (C 9) Bei Besuchern, die das Gebäude von oben nach unten durchwandern, soll sich der Eindruck einer Zeitreise durch die Industrialisierung des Landes einstellen. Die Zukunftswerkstatt „Elementa" ergänzt die im Landesmuseum gezeigten Themen und Exponate und vermittelt nicht nur naturwissenschaftliche Grundlagen, sondern auch, zu welchen technischen Erfindungen naturwissenschaftliche Experimente führten und führen.
Tel. (06 21) 429 89
www.landesmuseum-mannheim.de

Europa-Park
Rust (B 11) 1975 gründete die Familie Mack das Freizeitareal Europa-Park – zunächst hauptsächlich zu dem Zweck, die neuesten Produkte ihres Geister- und Achterbahnbaubetriebs angemessen präsentieren zu können. Mit mehr als vier Millionen Gästen jährlich gehört der Park heute zu den meistbesuchten Touristenattraktionen Deutschlands: mit 15 Themenbereichen und gut 100 Attraktionen, die allesamt technische Highlights sind.
Tel. (078 22) 770
www.europapark.de

Grube Anna-Elisabeth
Schriesheim (C 9) Die Grube Anna-Elisabeth ist ein über 500 Jahre altes, stillgelegtes Silber- und Vitriol-Bergwerk (geöffnet April bis Oktober).
Tel. (062 03) 681 67
www.bergwerk-schriesheim.de

Auto- und Technik-Museum
Sinsheim (C 9) Sehenswerte Sammlung von technischen Highlights, allen voran die Concorde, die seit 1976 im Linienflugdienst zwischen Europa und New York pendelte. Der Überschallflieger wurde erst nach einem fatalen Unglück im Jahr 2000 ausgemustert. Die ausgestellte Concorde ist komplett begehbar. Zu den vielen anderen Exponaten gehören Lokomotiven, Oldtimer und 40 Rennwagen, darunter Michael Schumachers Weltmeisterschafts-Renault von 1995 oder sein erster Dienst-Ferrari aus dem Jahr 1996.
Tel. (072 61) 929 90
www.technik-museum.de

Porsche-Museum
Stuttgart-Zuffenhausen (D 10) Serienfahrzeuge und Rennwagen: die Geschichte von Porsche anhand von 80 Automobilen und zahlreichen weiteren Exponaten.
Tel. (07 11) 91 12 09 11
www.porsche.com („Deutschland" – „Das Unternehmen")

Uhrenindustriemuseum
Villingen-Schwenningen (C 11) In Schwenningen, das sich einst „größte Uhrenstadt der Welt" nannte, liegt die Württembergische Uhrenfabrik. Neben der Technikgeschichte wird im Museum auch auf die Sozial- und Wirtschaftsgeschichte der Fabrik geachtet.
Tel. (07720) 38044
www.uhrenindustriemuseum.de

Elztalmuseum
Waldkirch (B 11) 200 Jahre Orgelbau- und Orgelspieltradition haben den Waldkirchnern den Titel der „Deutschen Orgelhauptstadt" eingebracht.
Tel. (076 81) 47 85 30
www.elztalmuseum.de

BAYERN

Bahnpark Augsburg
Augsburg (E/F 11) Ein Ringlokschuppen, drei Dampflokhallen mit Werkstatt-Atmosphäre, eine historische Schmiede und viele Loks sind zu besichtigen (nur nach Vereinbarung).
Tel. (08 21) 650 75 90
www.bahnpark-augsburg.de

Gaswerk
Augsburg (E/F 11) Die um 1915 erbauten Gebäude stehen unter Denkmalschutz: Ofen-

haus, Behälterturm, Elektrozentrale, Werkstättentrakt, Saugerhaus, Apparatehaus (im Sommer Sa/So geöffnet, sonst nach Vereinbarung).
Tel. (08 21) 58 50 41
www.gaswerk-augsburg.de

Fraunhofer-Glashütte

Benediktbeuern (F 12) Der Glasschleifer, Physiker und Unternehmer Joseph Fraunhofer betrieb hier um 1810 ein mechanisch-optisches Institut. Seine alte Glashütte, versehen mit Schautafeln, kann zu den Öffnungszeiten des 1930 an die Kirche zurückgefallenen Klosters betreten werden.
Tel. (088 57) 880 (Klosterpforte)
www.benediktbeuern.de
(unter „Tourismus & Freizeit" – „Sehenswürdigkeiten")

Salzbergwerk

Berchtesgaden (H 12) Seit fast 500 Jahren wird hier Salz abgebaut. Spannende Besichtigung unter Tage.
Tel. (086 52) 60 02 20
www.salzzeitreise.de

Glashütte Valentin Eisch

Frauenau (H 10) Bei einer kleinen Führung lässt sich die Arbeit der Glasmacher erleben.
Tel. (099 26) 18 90
www.eisch.de

Bergbau- und Industriemuseum Ostbayern

Kümmersbruck-Theuern (F 9) Im Hammerherrenschloss und auf dem Freigelände wird umfassend die Technik- und Sozialgeschichte der Industrialisierung in der Oberpfalz gezeigt. Mit Eisenhammerwerk und einer Schachtanlage.
Tel. (09624) 832
www.museumtheuern.de

BMW Museum

München (F 11) Seit 2008, fast pünktlich zum 90. Geburtstag der Bayerischen Motoren Werke, sind am Olympiapark Serienautos, Motorräder und Rennwagen zur Schau gestellt.
Tel. 01802 11 88 22
www.bmw-museum.de

Siemens-Forum

München (F 11) Seit 1916 informiert Siemens in einem eigenen Firmenmuseum (ursprünglich in Berlin) über seine Anfänge und Erfindungen. In einer „Galerie der Mitarbeiter" wird die Veränderung der Arbeitswelt zwischen 1847 und heute veranschaulicht.
Tel. (089) 63 63 26 60
www.siemens.com/siemensforum/de

Bayerisches Eisenbahnmuseum

Nördlingen (E 10) Alle Gleisanlagen und Einrichtungen des ehemaligen Bahnbetriebswerks sind instand gesetzt, Dampflokomotiven und Dieseltriebfahrzeuge kommen zum Einsatz. (Besichtigung außerhalb des Sommers nach Vereinbarung.)
Tel. (090 83) 340
www.bayerisches-eisenbahnmuseum.de

Museum Industriekultur

Nürnberg (F 9) In einem ehemaligen Eisenwerk wird die Technik-, Kultur- und Sozialgeschichte am Beispiel Nürnbergs erzählt. Angeschlossen ist ein Motorradmuseum.
Tel. (0911) 2313875
www.museen.nuernberg.de/industriekultur

Verkehrsmuseum

Nürnberg (F 9) Im Museum für Kommunikation erfährt man fast alles über Post und Telefon, im darunterliegenden DB-Museum wirklich alles über die Eisenbahn, die 1835 in Nürnberg auf ihre erste Fahrt in einem deutschen Land ging. Im großen Außenbereich viele historische Lokomotiven und alte Waggons mit üppiger Ausstattung. Absolut sehenswert.
Tel. (09 11) 23 08 80
www.museumsstiftung.de
www.dbmuseum.de

Flugwerft Schleißheim

Oberschleißheim (F 11) Im Norden Münchens liegt die Flugwerft Schleißheim, die als Außenstelle des Deutschen Museums die Luftfahrtsammlung beherbergt. Von Lilienthals Segelapparat bis zu Raketen und Überschalljets. Schwerpunkt: Militärmaschinen.
Tel. (089) 315 71 40
www.deutsches-museum.de

DIE INSPIRATION DES REISENS. JEDEN MONAT NEU.

Wählen Sie jetzt Ihr Gratis-Extra und sichern sich Lesegenuss auf höchstem Niveau

LESER SERVICE
040/87 97 35 40

Exklusives Reise-Schuhputz-Set von EdMeier

Die Zusammenarbeit mit zahlreichen Werkstätten der verschiedensten Handwerke sowie Kooperationen mit internationalen Designern und Labels machen bei Eduard Meier Alter zu Patina und Stil zu Klasse. Schuhputzset aus kernigem Rindleder; gefüllt mit zwei Gläsern Emulsionscreme, zwei Bürsten und einem Baumwollpoliertuch.

Aktions-Nr.: 281 40

Zwei exklusive Badetücher von GANT

Die praktischen Badetücher von GANT bieten mit ihrer hochwertigen Qualität, was Sie für einen Wohlfühltag benötigen. Die Badetücher sind dunkelblau gestreift und abgesetzt mit einer sehr schönen roten Paspelierung. Größe: 150 x 100 cm, 100 % Baumwolle, 60 Grad maschinenwaschbar.

Aktions-Nr.: 281 39

Bestellen Sie unter www.merian.de/lesevergnuegen

Die stillen

DIE PERFEKTE WELLE
Ein Mitarbeiter der Firma Schunk Kohlenstofftechnik prüft die Einstellungen einer Wickelmaschine, mit der aus Kohlefasern eine Antriebswelle hergestellt wird. Ein Strang aus Kohlefasern besteht aus 24 000 einzelnen Kohlenstofffaserfilamenten. Zwölf Kohlenstofffaserstränge werden zeitgleich gewickelt

Stars

Sie sind Spezialisten, die kaum einer kennt. Sie werben nicht im Fernsehen und verkaufen nicht im Baumarkt. Aber genau diese Unternehmen sorgen für den legendären Ruf deutscher Ingenieure in der internationalen Technikwelt

FOTOS: THOMAS ERNSTING, TEXT: RAIMUND WITKOP

DAS RICHTIGE MASS
Sie müssen robust sein, zuverlässig und langzeitstabil: Drucksensoren. Die Firma Endress + Hauser ist auf diese Präzisionstechnik spezialisiert. Das Kalibrieren solcher Sensoren ist Sache hochqualifizierter Techniker

KLEINER KRAFTPROTZ
Diese kompakte Bohranlage von Tracto-Technik mit dem Namen Grundodrill verlegt Rohre und Kabel grabenlos. Vor der Auslieferung wird eine letzte Qualitätskontrolle vorgenommen

Wer Jugendliche für Technik begeistern will, sollte sie auf diese Wiese im Sauerland führen. Einmal im Jahr zeigt die Firma Tracto-Technik aus Lennestadt auf ihrem Testgelände ihr ganzes Arsenal an Gerätschaften zur unterirdischen Verlegung von Rohren und Leitungen – ein bleibendes Erlebnis. Da rammen „Goliath" und „Herkules" Löcher in den Boden, während der „Grundomat" sich wie ein Maulwurf durchs Erdreich bohrt. „Unsere Markenbekanntheit liegt bei 100 Prozent", sagt Marketingleiter Günter Naujoks, „in der Fachwelt, versteht sich."

Tracto-Technik ist ein Unternehmen von Weltklasseformat – und dennoch dem breiten Publikum kein Begriff. „Hidden Champions", versteckte Meister, werden solche Firmen genannt, die äußerst erfolgreich sind und zugleich kaum bekannt, weil ihre hochspezialisierten Produkte nicht in der TV-Werbung vorkommen oder im Baumarkt zu haben sind. Der legendäre Ruf deutscher Ingenieurskunst und Deuschlands Status als „Export-Weltmeisters" sind aber ganz wesentlich das Verdienst gerade solcher Unternehmen.

Man findet sie verstreut im Land, und wer sich mit ihnen beschäftigt, stößt auf faszinierende Geschichten, verblüffende Problemlösungen und zukunftsweisende Ideen: Wilo in Dortmund ist zum Beispiel dabei, die Zentralheizung so gut wie neu zu erfinden. Die Schunk-Gruppe aus der Gegend von Gießen hat eine bahnbrechende Idee realisiert, um die Kühlung von Rechenzentren effektiver zu machen. Die Messtechnikspezialisten von Endress+Hauser am Südrand des Schwarzwalds exportieren ihren hochsensiblen „Liquiphanten" zur Füllstandmessung in alle Welt, und der Messgerätehersteller Testo im Hochschwarzwald hat bei der teuersten Produktentwicklung seiner Geschichte Tierärzte glücklich gemacht, ohne an die auch nur gedacht zu haben.

Die Erfolgsgeschichte von Tracto-Technik im Sauerland begann um 1970 mit

STILLE ARBEIT
In der Schallkammer des Forschungslabors von Wilo wird die Lautstärke der „Geniax"-Pumpen getestet. Das Ergebnis: Sie laufen so leise, dass sie selbst in Wohn- und Schlafräumen betrieben werden könnten

WARME FARBEN
Bei der Wartung von Generatoren (ganz rechts) wird mit der Wärmebildkamera von Testo überprüft, ob diese überhitzt wurden. Das dient der Früherkennung möglicher Schäden

der ersten Erdrakete. Dieser heute geläufige Begriff wurde hier ersonnen – Firmengründer Paul Schmidt und seine damaligen Mitarbeiter hatten nicht nur technisches Geschick, sondern auch ein Gespür fürs Marketing. „Wir sprachen vom Abschießen der Geräte", erinnert sich Naujoks, der seit über 30 Jahren beim Unternehmen beschäftigt ist, „und irgendjemand kam dann auf Rakete." Die Kontur des pressluftgetriebenen Hammers, der sich schnurgerade durchs Erdreich bohrt, legt den Vergleich durchaus nahe. Inzwischen wurden mehr als 100 000 Erdraketen ausgeliefert. Wenn man überschlägt, dass ein Exemplar über ein langes und erfülltes Raketen-Leben gut und gern 1000 Einsätze übersteht, dann hat Tracto in einem kaum vorstellbaren Maß zur Durchlöcherung des Planeten beigetragen. Der Maschinenpark deckt verschiedenste Durchmesser und Techniken ab; darunter Bohranlagen, die sich bis zu 500 Meter tief durchs Erdreich bohren und auf dem Rückweg, beim Herausziehen, die neuen Leitungen mitnehmen. Oder Spezialkonstruktionen, die in einem Zug vorhandene, alte Rohre zertrümmern und neue einziehen.

Die Mitarbeiter – 400 in Lennestadt, 500 weltweit – sind überwiegend Einheimische; also Westfalen, von denen gern behauptet wird, sie seien stur, dickschädelig und beharrlich. Eigenschaften, die mit einer leichten metaphorischen Verschiebung aber auch jeder Ramme gut zu Gesicht stehen. Und wenn eine neue Maschine für die Verlegung von Glasfaserkabeln auf den „letzten Metern" zum Haus vorgestellt wird, dann zeigt die Werbegrafik natürlich eines der hübschen Fachwerkhäuser, wie sie für diesen Flecken typisch sind. Hier hat niemand Scheu vor einem provinziellem Image – warum auch Weltläufigkeit spielen, wenn man beim Kunden ohnehin die schlagkräftigsten Argumente hat: Die Treppenhäuser im Hauptwerk sind buchstäblich tapeziert mit Patenten (rund 350) und Auszeichnungen. **Wie man hochqualifizierte und umworbene Ingenieure ins Sauerland bekommt? Das sei gar nicht so schwer, sagt Firmenchef Wolfgang Schmidt, „offenbar reizen Ingenieure interessante Aufgaben und Herausforderungen.** Hier können sie sich wirklich entfalten. Sie haben Freiräume, aber auch Verantwortung." Der Berufsstand des Ingenieurs kennt auch langweilige Jobs, da aber der Bedarf an besonderen Löchern zu besonderem Aufwand führt, arbeiten Tracto-Ingenieure meist vor Ort mit. Das kann zu interessanten Reisen führen. Die Kundenzeitschrift „Tractuell" zeigt die Unterquerung eines Flusses in Korea ebenso wie eine lange Bohrung unter der Ostsee, durch die Meerwasser in ein Wellness-Bad in Kühlungsborn gelangt. Ein neues Feld erschließt sich Tracto mit der Geothermie: Erdwärmesonden in etwa 30 bis 40 Metern Tiefe, schräg eingebaut, ergeben mit der heutigen Wärmepumpen-Technik wirtschaftliche Heizsysteme, denn für den Hausbauer schlagen bislang vor allem die enormen Kosten für die Bohrung zu Buche. Tracto hat das geändert und damit den Häuslebauern neue Perspektiven eröffnet.

Der Dortmunder Pumpen-Spezialist Wilo hat das bereits getan. Selbst dem Laien fällt auf, dass hier jeder Heizkörper seine eigene kleine Pumpe hat. Zehn Jahre wurde an den unscheinbaren Apparaturen geforscht, und mehr als ein Viertel des Forschungsetats flossen zuletzt pro Jahr in das Projekt, das – wie Projektleiter Thorsten Kettner eher beiläufig einfließen lässt – geeignet ist, 20 Prozent Heizenergie zu sparen. 20 Prozent? Man muss Kettner beinahe schütteln, bis er sich etwas hinreißen lässt: „Das ist ein bisschen so, als wenn Mercedes die neue A-Klasse vorstellt, und es ist ein Zwei-Liter-Auto." In diesem Fall könnte die Daimler AG aber alle Konjunkturkrisen vergessen, und die Menschheit könnte ganz neu berechnen, für wie lange die fossilen Energieträger noch reichen. Bei Wilo werden die Türen aber noch nicht eingerannt. „Wir sind

eben die Kellerkinder", scherzt Kettner. „Geniax" gibt es nicht im Baumarkt, und bevor der Markt das System annehmen kann, müssen erst einmal 5000 Installateure geschult werden. **Zentralheizungen sind oft eine gurgelnde, fauchende und sprotzende Angelegenheit, was nicht nur die Nachtruhe stört, sondern ein untrügliches Kennzeichen von Energieverschwendung ist.** Wilo hat die Pumpen miniaturisiert und so ein Konzept ermöglicht, das die Firma ungewohnt vollmundig „revolutionär" nennt. Keine „Angebotsheizung", wie man das herkömmliche System mit einer großen Umwälzpumpe nennen könnte, sondern eine „Bedarfsheizung". Wenn die Sensoren Wärmebedarf in einem Raum melden, wird exakt die benötigte Menge mit nicht mehr als dem gerade erforderlichen Druck angeliefert. Das System umgeht einige verbreitete Sündenfälle der Heizungsinstallation: „Geniax" erledigt den oft vernachlässigten hydraulischen Abgleich der ganzen Anlage selbsttätig, dazu entfällt der Betrieb häufig überdimensionierter zentraler Umwälzpumpen, die zu viel heißes Wasser mit zu viel Druck in alle Rohre pressen. Die besagten 20 Prozent Einsparung sind von Forschern der Universität Dresden ermittelt worden, die auch an der Entwicklung teilhatten. Die Optimierung gelingt allerdings nur dank einer aufwendigen Computersteuerung der Anlage. „Der größte Teil unseres Knowhows steckt nicht mehr in den Pumpen, sondern in der Steuerung", sagt Kettner. Hier liegt ein Wettbewerbsvorsprung im Weltmaßstab: „In der Gebäudetechnik werden alle wesentlichen Neuerungen in Deutschland erfunden."

20 Prozent Einspar-Potential bei den Heizkosten sind unglaublich genug. Hundert Kilometer südwestlich, bei der Firma Weiss Klimatechnik in Reiskirchen-Lindenstruth bei Gießen, steht noch eine andere Zahl im wohltemperierten Raum: 50 Prozent sind einzusparen, bei einem der größten – wenn auch nicht so geläufigen – Energiefresser der modernen Welt. Diese Sphäre erlangte kürzlich einige Berühmtheit durch die Frage, wie viel CO_2 eigentlich – durch die Arbeit der gigantischen Serverfarmen – eine Suchanfrage bei Google produziert. Die Zahl blieb umstritten; klar ist aber, dass Computer ein bis zwei Prozent des weltweit erzeugten Stroms verbrauchen. Die Umwelteffekte liegen sogar in der Größenordnung des weltweiten Flugverkehrs. Beide sind für jeweils rund zwei Prozent des CO_2-Ausstoßes verantwortlich. Die Kühlung der zahllosen Rechner etwa eines Internetproviders erfolgt durch einen Kreislauf, in dem heiße Luft oberhalb der Computer abgesaugt und gekühlte von unten durch einen doppelten Boden zugeführt wird.

Der Kniff der Weiss-Experten ist scheinbar so banal, dass sie sich selbst fragen, warum niemand früher darauf gekommen ist: Sie haben den großen Ventilator aus dem Klimaschrank, der wie ein zentraler Kühlschrank viele Rechner kühlt, ein paar Zentimeter nach unten verlegt, direkt in den doppelten Boden. Die Folgen für ein neuartiges Gerät der Marke „Deltaclima" sind dramatisch – einerseits sinkt die Ventilatorleistung durch Reduzierung von Umlenkungs- und Staudruckverlusten, andererseits ist oben mehr Platz für die Kühlfläche, die so effektiver wird. Weiss, eine Tochter der Gießener Schunk-Gruppe, konnte die Aufträge zuletzt verdoppeln.

„Wenn man es sieht, scheint es wirklich sehr naheliegend", sagt Weiss-Ingenieur Stephan Lang. „Wir haben schon mal ein Gerät mit Ventilator im Boden gebaut", gesteht der Projektleiter, „aber aus ganz anderen Überlegungen heraus. Was das für die Effizienz bedeuten kann, haben wir nicht erkannt, da hat es bei uns einfach nicht ‚klick' gemacht." Das geschah erst im zweiten Anlauf – und vielleicht ist dies das Erfolgsrezept dieser Unternehmen: Bedingungen zu schaffen, unter denen es, früher oder später, „klick" macht.

Wie unbekannt eine Weltklassefirma ist, richtet sich übrigens durchaus nach der Perspektive. So schreibt zum Beispiel die Firma Endress+Hauser : „Hier in Deutschland verlangt man nach einem Tempo, wenn man ein Taschentuch benötigt. Oder nach einem Liquiphanten, wenn der Grenzstand erfasst werden soll." Bei annähernd drei Millionen verkauften Exemplaren ist der Vergleich nicht abwegig; den Experten für Prozessautomatisierung ist da ein Klassiker gelungen, der in einem Findungs-Wettbewerb unter Beteiligung der Mitarbeiter auch noch einen einprägsamen Namen bekam. Der Liquiphant arbeitet nach dem Vibrations-Prinzip: In einem Behältnis mit Flüssigkeiten – das kann Schwefelsäure ebenso gut sein wie Bier – schwingt eine Art Stimmgabel; die Änderungen der Frequenz dieser Gabel geben Auskunft darüber, was sich im Kessel abspielt.

Ursprünglich signalisiert das Gerät „nur", ob der Füllstand eine Grenze über- oder unterschritten hat; in der Weiterentwicklung „Liquiphant M Dichte" wird mit Hilfe eines kleinen Computers auch angezeigt, welche spezifische Dichte die Flüssigkeit hat. Ein Hersteller von Softdrinks weiß dann zum Beispiel genau, wann er den Zufluss von Zucker stoppen muss.

Warum es dafür zuletzt den „Innovation Award" der Fachmesse Powtech gab, erläutert Produktmanager Martin Pfändler: **„Das physikalische Prinzip ist nichts Neues, unser Know-How liegt darin, das Gerät den Bedürfnissen jedes Kunden anzupassen."**

Der Nutzen zeigt sich in der Praxis schnell: Der Liquiphant liefert kontinuierlich Informationen, für die zuvor ein Mitarbeiter, womöglich im Schutzanzug, alle paar Stunden oder Tage eine Probe entnehmen und ins Labor bringen musste. Die Ingenieure in Maulburg sind sehr zuversichtlich, dass auch die zweite Liquiphanten-Generation den Weltmarkt erobert.

Auf die Suche nach einem klingenden Namen könnte auch die Testo AG in Lenzkirch im Hochschwarzwald bald gehen, das entsprechende Produkt ist bereits da. Der Weltmarktführer für portable Messgeräte investiert im Schnitt erstaunliche 13 Prozent seines Umsatzes in Forschung und Entwicklung; eine kompakte und leistungsfähige Wärmebildkamera auf den Markt zu bringen, war aber auch für Testo-Verhältnisse ein Kraftakt.

Natürlich zielte das Infrarot-Gerät auf Handwerk und Industrie, typischerweise etwa auf den Installateur, der damit Wärmebrücken in der Hausdämmung sehen kann. Deshalb war man bei Testo doch überrascht zu erfahren, dass die Kamera auch bei Tierärzten oder beispielsweise in Zoos eingesetzt werden. Des Rätsels Lösung: Wärmebilder sind in der Veterinärmedizin sehr gefragt, weil sie aus sicherer Distanz – Stichwort Löwe oder Elefant – zum Beispiel erste Aufschlüsse über Entzündungen geben. Im Pferdesport sind Infrarotbilder längst verbreitet. „Das ist natürlich nur ein Nebenschauplatz für uns", sagt Testo-Sprecherin Stefanie Dörflinger, „aber doch ein sehr schöner." □

FÜNF UNBEKANNTE GRÖSSEN AUS DEUTSCHLAND

ENDRESS + HAUSER

Endress + Hauser ist ein international führender Anbieter von Messgeräten und Dienstleistungen für die industrielle Verfahrenstechnik. Mit mehr als 7 000 Beschäftigten erwirtschaftet die Firmengruppe rund eine Milliarde Euro Umsatz im Jahr. Endress+Hauser liefert Sensoren, Geräte, Systeme und Dienstleistungen für Füllstand-, Durchfluss-, Druck- und Temperaturmessung sowie Flüssigkeitsanalyse und Messwertregistrierung. Der deutsche Standort liegt in Maulburg im Schwarzwald, zwei weitere in Stahnsdorf bei Potsdam und in Kassel, die Zentrale im Reinach in der Schweiz. Besichtigung nach Vereinbarung möglich.

Jens Kröger, Tel. (076 22) 28 16 27
jens.kroeger@pcm.endress.com
www.de.endress.com

SCHUNK-GRUPPE

Die Schunk-Gruppe in Heuchelheim (Hessen) ist ein Technologiekonzern mit einem breiten Spektrum in der Werkstofftechnologie und Systemtechnik. Dazu gehören Komponenten aus Kohlenstoff, Keramik und Quarz, die u. a. in Elektromotoren, Hochtemperaturöfen oder in der Halbleiterindustrie verwendet werden. Die zu Schunk gehörende Firma Weiss Umwelttechnik produziert Klimakammern, Prüfschränke und wärmetechnische Anlagen. Die Gruppe zählt weltweit etwa 7 900 Beschäftigte. Besichtigung nach Vereinbarung möglich.

Andrea Gossel, Tel. (06 41) 6080
infobox@schunk-group.com
www.schunk-group.com

TESTO

Die Testo AG in Lenzkirchen (Schwarzwald) ist ein weltweit führender Hersteller tragbarer Messgeräte für Klima- und Kältetechnik, Heizung und Installation, Emissionskontrolle, industrielle Anwendungen und die Lebensmittelindustrie. Mit über 1700 Mitarbeitern wurde 2008 ein Umsatz von 162 Millionen Euro erzielt. Besichtigungen nach Vereinbarung möglich.

Stefanie Dörflinger, Tel. (076 53) 68 11 26
sdoerflinger@testo.de
www.testo.de

TRACTO-TECHNIK

Die 1962 von Paul Schmidt in Lennestadt (Sauerland) gegründete Tracto-Technik gilt als Weltmarktführer im „grabenlosen Leitungsbau". Zuerst produzierte die Firma „Erdraketen" für Hausanschlüsse und Straßenunterquerungen, bald folgte die Rammtechnik, mit der Stahlrohre unter Flüssen, Straßen, Bahndämmen vorgetrieben werden. Das Unternehmen zählt mehr als 500 Beschäftigte. Der Exportanteil liegt bei über 60 Prozent. Betriebsführungen ab zehn Personen werktags von 8.30 bis 12 Uhr.

Günter Naujoks, Tel. (027 23) 80 81 30
guenter.naujoks@tracto-technik.de
www.tracto-technik.de

WILO

Wilo mit Hauptsitz in Dortmund ist einer der erfolgreichsten Hersteller von Pumpen und Pumpensystemen für die Heizungs-, Kälte- und Klimatechnik, die Wasserversorgung sowie die Abwasserbehandlung und -entsorgung. Das Unternehmen mit rund 6000 Mitarbeitern hat Vertretungen in mehr als 70 Ländern. Im Jahr 2007 betrug der Umsatz 927 Millionen Euro.

Weitere Informationen unter
Tel. (02 31) 41 02 75 16
wilo@wilo.de
www.wilo.de

Klug, gut aussehend und technisch perfekt

Der elektronische Reisebegleiter MERIAN scout NAVIGATOR lässt Sie nirgendwo ratlos zurück

Der Termin hat wieder länger gedauert als geplant, der gebuchte Flieger ist schon weg, der nächste geht erst in ein paar Stunden. Was tun mit der geschenkten, aber nicht eingeplanten Zeit? Mit dem digitalen Reisebegleiter MERIAN scout NAVIGATOR werden Sie nie wieder ratlos in einer Stadt gestrandet sein und sich fragen müssen, wo Sie in der Nähe entspannt etwas trinken oder ein gutes Restaurant finden können. Der persönliche Assistent beantwortet solche Fragen und navigiert Sie zudem direkt ans spontan gesuchte Wunschziel. Das technische Wunderwerk hat einen Centrality Atlas III Prozessor mit integriertem Grafikbeschleuniger, einen hochsensitiven Touchscreen und läuft im Windows-Betriebssystem. Es wiegt 220 Gramm, kennt 1,8 Millionen „points of interest", kann mehr als 1400 Audiofiles abspielen, hat 2000 Feinschmecker-Guide-Empfehlungen parat und ruft auf Wunsch allein aus Deutschland 38000 Reiseinformationen in Wort, Ton und Bild ab, die von der MERIAN-Redaktion zusammengestellt worden sind. Der MERIAN scout NAVIGATOR ist in zwei Ausführungen, der „Premium Edition" und der „Compact-Klasse", erhältlich. Navigationsgeräte von TomTom oder Garmin können mit MERIAN scout Reiseguides zu Metropolen und Regionen in Europa aufgerüstet werden. Besitzer des iPhone oder iPod touch können im Apple iTunes AppStore die Guides downloaden.

Ausgezeichnetes Design, intelligente Benutzerführung: Live-Demos und Erfahrungsberichte unter www.merianscout.de

TESTEN SIE MERIAN

Sie erhalten die nächsten 3 Ausgaben MERIAN frei Haus zum Preis von nur 19 Euro statt 23,85 Euro bei Einzelkauf.
Zusätzlich und als Dankeschön für Ihr Interesse:
MERIAN-Jubiläumsausgabe „Unsere Erde", Der blaue Planet von A bis Z

20% GESPART

Globalisierung und lokales Handeln, Rückschau und Blick in die Zukunft, Welterbe, Weltstädte und künstliche Welten – das MERIAN-Jubiläumsheft „Unsere Erde" nimmt Sie mit auf eine Reise zu den faszinierendsten Geheimnissen des blauen Planeten. Mit neuesten Zahlen und harten Fakten, großen Bildern und packenden Reportagen öffnet Ihnen diese Ausgabe die Augen für die Schönheit und Wunder unserer Erde. Sie erhalten dieses 230 starke Jubiläumsheft als Dankeschön für Ihr Interesse.

Nutzen Sie den Bestellservice unter Telefon 040/87 97 35 40 oder www.merian.de/shop
Bitte geben Sie bei Ihrer Bestellung die **Aktions-Nr.: 281 41** an.

- Südtirol
- Sylt

- **T**essin
- Thailand
- Thüringen
- Tirol
- Traumstraßen*
- Türkische Südküste

- **U**lm*
- Umbrien und die Marken
- Unsere Erde
- USA: Der Süden

- **V**atikan
- Venedig
- Vietnam
- Vorarlberg

- **W**eimar
- Wien / Niederösterreich
- Autostadt Wolfsburg*

- **Z**ürich
- Zypern

MERIAN Ausgaben erhalten Sie für 7,95 Euro, die MERIAN extra-Ausgaben für * 5,– bzw. ** 7,50 Euro

MERIAN
Die Lust am Reisen

Einst die Speerspitze der Technologie: In der Halle der Ausstellung zum Thema Verkehr hängen historische Flugapparate und Zeppeline unter der Decke

FOTOS: PHILIP KOSCHEL, TEXT: MARC BIELEFELD

Der Tempel der Tüftler und Denker

Im Deutschen Museum in München wird die phantastische Geschichte der Technik lebendig. Mittelalterliche Chemielabore, Teilchenbeschleuniger, sogar ganze Flugzeuge sind zu bestaunen. Dabei zeigt das Haus nur einen Bruchteil seiner Schätze. In den Depots lagert ein Sammelsurium von Geniestreichen

RENZO
F 31

Technik als faszinierende Reise in andere Welten

Kaum Platz für die Reise in unendliche Weiten: In der Raumfahrt-Schau ist die enge Mercury-Kapsel zu sehen, mit denen Astronauten der USA ihre ersten Flüge ins All wagten

JETT TOWER
SEP CAPSULE
RETRO SEQ
RETRO ATT
RETRACT SCOPE

Zwischen Düsenjägern und Geistesblitzen

Auf modernen Monitoren laufen Filme zu Themen wie Motorenentwicklung, im Hintergrund Originale aus der Abteilung Luftfahrt

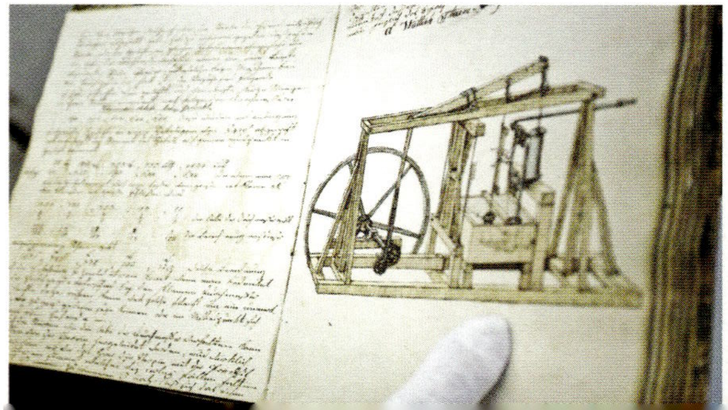

Mit weißen Baumwollhandschuhen begutachtet Wilhelm Füßl, Leiter des Archivs, alte Orginaldokumente. In Rollschränken lagern auf 4,5 Regalkilometern Patente, Zeichnungen und Pläne, die die geniale Geschichte der Technik belegen

Herr Füßl trägt eine feine goldgeränderte Brille, einen sorgfältig gestutzten Bart und schneeweiße Baumwollhandschuhe. Er schreitet einen stillen Flur entlang, vorbei an mannshohen Metallschränken, auf denen kein Staubkorn liegt und die beschriftet sind mit Buchstaben und Zahlen wie diesen: III S04 BA-S 00011/528 – 00012/1799. Dann holt er einen Schlüssel aus seinem Jackett, öffnet eine Tür und sagt: „In diesem Raum lagern die Rarissima."

Wilhelm Füßl kann ein leises, aber sehr begeistertes Lächeln aufsetzen. Er steht nun vor einem weiteren Schrank, öffnet eine Schublade und hebt eine flache Mappe aus säurefreiem Papier heraus. Behutsam klappen seine weißen Handschuhe die Kartonage auf: Auf dem Schatz, den er gleich entblättern wird, auch nur eine Spur Fett zu hinterlassen wäre Sünde.

Und dann kommt sie zum Vorschein, aus Schrank 04, Fach 07, eine der ersten Fotografien, die in Deutschland entstand. Ein kleines Wunder, vor allem aber ein Meilenstein des technischen Fortschritts. Darauf zu sehen ist eine Münchner Straßenszene, aufgenommen vom Physiker, Astronomen und Optiker Carl August von Steinheil im Jahr 1839. Das Ur-Foto sieht aus wie ein Negativ, schwarz, weiß, dazu ein Hauch von Sepia und die Anmut der Historie. Die Augen von Herrn Füßl sehen glücklich aus. „Ich fand das Motiv vor 17 Jahren, verschüttet in einem Nachlass, aber nach einigen Recherchen war klar, was wir da in Händen hielten."

Herr Füßl kennt sich mit solchen Dokumenten aus. Er ist Leiter des Archivs des Deutschen Museums in München. Hüter so ziemlich aller erdenklichen Zeugnisse, die die Geschichte der Technik dokumentieren. Der gelernte Historiker und seine zehn Mitarbeiter sind zuständig für eine Bibliothek mit 900 000 Büchern. Sie kümmern sich um die Archivierung von 1 Million Fotografien sowie um 4,5 Regalkilometer, gespickt mit altem, jüngerem und ständig hinzukommendem Material. Zeichnungen, Briefe, Urkunden, Kataloge, Karten, Manuskripte, Patente, Pläne. In den oberen Etagen lagern die zweidimensionalen Exponate, die das Haus in den vergangenen 106 Jahren angehäuft hat.

Hier ruhen, penibel sortiert, das Ohmsche Gesetz, die Indigo-Formel und alchemistische Handschriften aus dem Jahr 1780, die beschreiben, wie man einen künstlichen Menschen erschaffen könne. Hier lagern Notizen Einsteins und Konrad Zuses Konstruktionszeichnungen der ersten programmgesteuerten Rechenmaschine der Welt. Die Archivalien umfassen das Laborbuch von Otto Hahn, Bleistiftvermerke von der Entdeckung der Kernspaltung. In diesen Räumen lagert das Gedächtnis der Ingenieure und Erfinder. Der Werdegang der modernen Welt – in Form von Originaldokumenten.

Herr Füßl lächelt wieder sein leises Lächeln. Es ist ja auch kein Wunder, badet er doch gerade wieder in seinen Schätzen, deren Wert in Geld zu bemessen etwas Lächerliches hätte. Füßl geht weiter die Gänge entlang, zeigt hierhin, dorthin, aber halt! stop! – hier hätte er noch etwas ganz besonderes zu bieten.

Zwei Minuten später knistert Pergamentpapier, die Handschuhe klappen eine Schutzhülle auseinander, ein letztes Deckblatt muss angehoben werden, dann sagt Herr Füßl: „Damit lernten wir das Fliegen." Auf dem Tisch liegt ein großer Bogen vergilbten Papiers, darauf eine filigrane Konstruktionszeichnung, zwei Flügel, ein hölzernes Gestell, Zahlenvermerke. Es ist das Original von Otto Lilienthal aus dem Jahr 1893, Titel: „Zusammenklappbarer Flugapparat von 14 qm." Nichts geringeres als der Beginn des Menschenflugs.

Das Archiv von Herrn Füßl ist eine Schatzkammer ohnegleichen – doch nur ein kleiner Teil des Deutschen Museums. Umflossen von der grünen Isar liegen die steinernen Gebäude auf der Münchner Museumsinsel: Wer durch die Eingangspforte geht, gelangt in ein Universum. Die vielen Hallen beherbergen eine der bedeutendsten Sammlungen der Welt. Neben all den Dokumenten auch Zigtausende technische Geräte, Instrumente, Apparate, phantastische Erfindungen. In den Ausstellungen des Museums wird Technik in allen Facetten erlebbar.

Wie funktioniert eine Tiefseetauchkugel? Wozu dient eine Kniehebelpresse? Und was, bitte schön, ist ein Trautonium? Der Besucher steht vor einem hölzernen Kasten mit elektronischem Innenleben, ausgestellt in der Abteilung für Musikinstrumente, erstes Obergeschoss. Auf einer Tafel liest er: „Diesem Gerät entlockte der Forscher und Musiker Oskar Sala die furchterregenden Vogelschreie im Hitchcock-Film ‚Die Vögel'." Ach, was! Und schon taumelt der Besucher weiter.

17 Kilometer muss zurücklegen, wer sämtliche Ausstellungen durchschreiten will. 50 Abteilungen kann besuchen, wer es wagt, sich für alle Themengebiete zu interessieren: Bergbau, Chemie, Druckverfahren, Luftfahrt, Raumfahrt, Optik, Mikroelektronik, Planetenforschung – es nimmt gar kein Ende. Fast 1,5 Millionen Besucher kommen jedes Jahr, an vollen Tagen über 5000 Gäste, manchmal tummeln sich 200 Schulklassen während der Öffnungszeiten.

Sie alle wollen staunen, lesen, hören und dabei gut unterhalten werden. Viele wollen auch hinzulernen, und genau dies ist neben dem Sammeln und Bewahren der Auftrag des Museums: Technik anschaulich vermitteln – von Errungenschaften aus der Steinzeit bis zur Nanotechnologie. Allein 2000 interaktive Exponate, Experimente und Demonstrationen laden zum Mitmachen und Ausprobieren ein. „Das Museum soll neugierig machen", so nennt es Herr Füßl. „Und in unserer schnellen Zeit des Wandels Wissenslücken schließen."

Um die Besucher schlauer zu machen, leuchten Displays, Touchscreens, Hologramme, es fliegen Funken und unter Donnern und weißen Blitzen fließt Starkstrom durch einen Faradayschen Käfig, in dem einer der 425 Mitarbeiter des Museums sitzt. Kaum ein Winkel, wo man sich nicht nach Belieben in technische Details und Raffinessen vertiefen kann. Wohl auch darum ist das Deutsche Museum das meistbesuchte des Landes. Ein Mekka für all jene, die sich für die unglaublichen Erfindungen des menschlichen Geistes erwärmen können.

Es ist Montag morgen, längst sind die ersten Gäste da. In der Halle für Luftfahrt stehen zwei Jungen mit weiten Jeans auf einem kleinen Podest und blicken in das Cockpit eines alten Starfighters, der silbrig und in ganzer Größe dort steht. Ihre Handkanten haften auf der Scheibe: „Boah, krass!" Die Jungs blicken auf einen Wust von Instrumenten, den Steuerknüppel, den Schleudersitz. Gegen heutige Gameboys uralte Technik. Doch damit flogen Piloten schon vor über 50 Jahren durch den Himmel – doppelt so schnell wie der Schall.

In der Pharmazieabteilung schlendert eine Familie durch eine begehbare menschliche Zelle, begibt sich sozusagen in ihr eigenes Innerstes. Die Mitochondrien sind 350000fach vergrößert nachgebildet, der Zellkern schwebt über dem Kopf des Besuchers, umgeben vom endoplasmatischen Retikulum. Bio-Unterricht zum Durchspazieren.

Blickt man durch das Hauptgebäude, glaubt man, sich in einem irrwitzigen Spielzeugladen zu befinden. Schiffsmodelle sind ausgestellt, U-Boote, Raketen, historische Traktoren und ein kleines Männchen mit Blasinstrument in der Rechten: ein Trompeterautomat, anno 1810. In der Astronomie-Ausstellung steht der einstige Refraktor der königlichen Sternwarte Berlin. Mit dieser etwa vier Meter langen Holzröhre wurde 1846 der Planet Neptun entdeckt.

Ein derartiges Sammelsurium an Exponaten zu verwalten und gestalten ist keine leichte Aufgabe. Zuständig dafür ist Sabine Gerber-Hirt, Biologin und eine von über 40 Kuratoren, die für die Fachbereiche verantwortlich sind. Sie entscheiden, welche Exponate das Museum aufnimmt. Sie recherchieren, tauschen sich mit wissenschaftlichen Beiräten aus, prüfen Nachlässe, stöbern in weltweiten Archiven oder müssen künstliche Herzen und historische Hörgeräte auftreiben, wenn es gilt, eine Ausstellung zur Prothetik zu konzipieren. „Das Schöne an unserer Arbeit ist die enorme Bandbreite", sagt Sabine Gerber-Hirt. „Wir müssen uns ständig mit Fachfragen befassen, gleichzeitig kommen wir auch mit vielen Menschen in Kontakt," Nicht nur Experten und Technikspezialisten will das Museum erreichen, sondern auch und vor allem Laien, die hier die Faszination der Technik entdecken sollen.

Damit das gelingt, hat das Museum 23 hauseigene Meisterwerkstätten, von der Spenglerei bis zur Abteilung für Flugzeugrestaurierung. In einem Kellerraum steht an diesem Nachmittag Sabine Köhl und betrachtet kritisch ein anschaulich vergrößertes Colibakterium aus Gips, sorgfältig per Hand um einen Hasendraht geformt. Frau Köhl trägt ein blaues Flanellhemd und Turnschuhe mit weißen Farbklecksen. Als Bildhauerin muss sie alle möglichen Teile für die Schauen anfertigen. Von der Pilotenpuppe bis zum haargenau nachmodulierten Primärtrieb einer Kartoffelpflanze.

Drüben in der Restaurierungswerkstatt für wissenschaftliche Instrumente werkelt derweil Thomas Rebényi an einem astronomischen Winkelmessgerät, einem Torquetum von 1600. Der gelernte Uhrmacher besieht sich das Gerät, stellt hier an einem Schräubchen, ölt dort ein Rädchen. Rebényi bekommt regelmäßig die sonderbarsten Stücke auf den Tisch, die er für Fundus oder Ausstellungen fein säuberlich herrichten muss. „Dazu müssen wir viel recherchieren, uns zunächst in jedes Teil, in jede Erfindung hineindenken." Für die Stücke, die sie restaurieren, schreiben die Spezialisten sogar Berichte. Jedes ausgetauschte Ventil, jedes nachgeschmiedete Scharnier wird vermerkt. Handwerk als wissenschaftliche Präzisionsarbeit, um die Geschichte der Technik exakt zu belegen.

Eine Sisyphusarbeit. Jedes Jahr wächst der Bestand des Museums um etwa 1000 Objekte. Ob eine vergessene Apparatur zum Zinngießen oder ein Original-Airbus. Dabei lehnt das Museum 97 Prozent aller Angebote und Funde ab, denn in die Archive gelangt nur, was in der Technikgeschichte eine interessante oder maßgebliche Rolle spielte.

Wie ausufernd die Bestände dennoch sind, ahnt nur, wer einmal einen Spaziergang mit Manfred Spachtholz unternimmt. Seit 27 Jahren arbeitet er in der Verwaltung für die dreidimensionalen Exponate, kaum einer kennt die verwinkelten Keller der Depots so gut wie er. In den Katakomben lagern auf fast 20000 Quadratmetern 70000 Teile: ein labyrinthisches Kuriositätenkabinett mit sagenhaften Trouvaillen.

MERIAN | TIPP

Das Deutsche Museum
bietet permanente Ausstellungen und Schauen zu aktuellen Projekten.
München
Museumsinsel 1
Tel. (089) 217 91
www.deutsches-museum.de
tgl. 9-17 Uhr, Eintritt: 8,50 €
Kinder 6 bis 15 Jahre 3 €

Das Licht ist gedämpft hier unten, die Luft ein wenig mehlig. Irgendwann haben sie es aufgegeben, mit dem Abstauben nachzukommen. Herr Spachtholz geht langsam, fährt eine Hebebühne hinab, öffnet Türen. Immer mehr Gänge tun sich auf. Ganze Fluchten voller Regale, Schränke, Truhen, Kisten.

Im Aufnahmeraum wird jedes Artefakt registriert, und schon hier türmen sich die Neuankünfte. Ein Übungskörper aus der Chirurgie wird gerade etikettiert ein alter Orgelkasten vermessen. Daneben stapeln sich Genomsequenzer, chinesische Deckelvasen, ein Plastizitätsprüfer nach Pfefferkorn nebst vietnamesischen Elefantenfiguren, die eines Tages für einen Themenschwerpunkt in der Keramikabteilung dienen könnten. Zusendungen aus aller Welt landen im Museum, aber auch Kurioses aus der Heimat. So wie ein Glaskasten, der auf einem Wägelchen jetzt seinem musealen Schicksal entgegenrollt. Darin befinden sich alte Proben, die Beschriftung gibt zu verstehen: „Lehmboden der choleraimmunen Ortshälfte von Aubing bei München." Manchmal tauchen solche Funde aus dem Nichts auf. Wochenlang wird dann recherchiert, um so ein Exponat verstehen und einordnen zu können.

Herr Spachtholz kratzt sich am Hinterkopf. Nein, ganz einfach sei es nicht, angesichts der Fülle von Museumsstücken den Überblick zu behalten. „Aber ist es unsere Aufgabe, auch ausgefallene Stücke zu bewahren, sie sind nun mal Zeugen dafür, wie sich die Technik über Jahrhunderte entwickelt hat."

Weit unter der Erde der nächste Raum, die Depots sechs bis zehn: Magnetismus, Chemie, Akustik. Vielleicht scheint draußen gerade die Sonne, vielleicht ist es längst dunkel. Hier unten verliert sich jedes Gefühl für die Zeit, während man die endlosen Regale mit den technischen Wunderwerken durchtaucht, die der Mensch in den verschiedensten Epochen ersonnen hat.

Und dann begreift man. Das Deutsche Museum ist nicht nur ein Museum – vielmehr eine Hommage an die einzigartige Fähigkeit des Menschen, unermüdlich zu tüfteln und zu erfinden. Aus dem Nichts ein Ding zu erschaffen. Licht ins Dunkel zu bringen. Und ganz langsam die Welt zu erobern. □

Einmal die Sterne entdecken, bitte!

Willkommen in den Weiten der Astronomie. Die Ausstellung erklärt, wie der Mensch lernte, das Universum zu begreifen. Mit dem Refraktor (Bildmitte) der königlichen Sternwarte Berlin wurde 1846 der Planet Neptun entdeckt

Staunen und Verschnaufen: Beim Spaziergang durch die Pharmazieabteilung blickt eine Schülerin in eine nachgebildete Zelle und somit in ihr eigenes Inneres. Doch irgendwann brauchen die meisten hier eine Pause. Wer alle Ausstellungen durchläuft, legt im Museum 17 Kilometer zu Fuß zurück

INTERVIEW

Fünf Fragen an…

Bruno O. Braun ist im Hauptberuf Vorsitzender der TÜV Rheinland Group mit 12 500 Mitarbeitern und einem Jahresumsatz von rund einer Milliarde Euro

Professor Dr. Bruno O. Braun, Präsident des Vereins Deutscher Ingenieure. Vor dem Abitur machte er eine Lehre als Mechaniker

MERIAN: Herr Professor Braun, wenn Sie eine Woche lang Technikdeutschland bereisen dürften: Was wären Ihre Stationen?

Braun: Um all die spannenden Sehenswürdigkeiten deutscher Ingenieurskunst, technische Museen und die Vielzahl von Hightech-Unternehmen kennen zu lernen, reicht eine Woche nicht aus. Aber sicherlich würde ich einen Tag im Deutschen Museum in München verbringen.

MERIAN: Wofür steht für Sie Technikdeutschland?

Bruno Braun: Deutschland ist auch das Land der Ingenieure und Denker, denn ohne ihre Erfindungen wäre unser Wohlstand nicht der, den wir heute haben und schätzen. Wir dürfen nicht vergessen, dass heute täglich etwa eine Million Ingenieurinnen und Ingenieure daran arbeiten, unser Leben noch sicherer und komfortabler zu machen. Nur wenige von ihnen sind der Öffentlichkeit bekannt.

MERIAN: Woran liegt es, dass so wenige Ingenieure einen Namen in der Öffentlichkeit haben?

Braun: Zum einen liegt es am Ingenieur selbst. Er gefällt sich – anders als andere Berufsgruppen – nicht als Selbstdarsteller. Er stellt sein Licht gerne etwas unter den Scheffel – zu Unrecht, wenn Sie mich fragen. Zum anderen liegt es auch an der Darstellung in den Medien. Der Ingenieur ist nicht der komische Eigenbrötler wie etwa Daniel Düsentrieb. Aus diesem Denken müssen wir heraus. Der Beruf ist kreativ und kommunikativ. Oder ist Ihnen bewusst, dass ein Team von Werkstoffingenieuren vor jeder Fußball-WM den Ball optimiert?

MERIAN: Was muss getan werden, um das Image der Ingenieure zu verbessern?

Braun: Wir haben Arztserien im Fernsehen und Dokumentationen über berühmte Politiker, Sportler und Künstler. Ingenieure suchen wir da vergeblich. Das muss sich ändern. Im Rahmen unserer Initiative „Sachen machen" haben wir Anfang 2008 TecTV, einen Techniksender im Internet, auf den Weg gebracht. Dort werden Technik und Ingenieure in kurzen Filmen lebendig dargestellt. So ein Format müsste es wöchentlich im öffentlich-rechtlichen Fernsehen geben, um Jugendliche neugierig zu machen.

MERIAN: Welche technische Leistung beeindruckt Sie am meisten?

Braun: Eine einzelne Erfindung hervorzuheben, wäre falsch. Angefangen vom Automobil über die vollautomatische Waschmaschine bis hin zur Digitalkamera gibt es Hunderte von tollen Erfindungen. Viel spannender für mich ist, was uns die Zukunft noch bringt. Mit welchen technischen Innovationen begegnen wir dem Klimawandel? Oder wie verbessert die Medizintechnik künftig unser Gesundheitssystem?